Anna-Lena Käbisch

Persönlichkeitstests im Bewerbungsverfahren

Handlungsleitfaden zur kriteriumsbasierten Entscheidungsfindung

Bibliografische Information der Deutschen Nationalbibliothek:

Die Deutsche Nationalbibliothek verzeichnet diese Publikation in der Deutschen Nationalbibliografie; detaillierte bibliografische Daten sind im Internet über http://dnb.d-nb.de abrufbar.

Impressum:

Copyright © ScienceFactory 2018

Ein Imprint der Open Publishing GmbH, München

Druck und Bindung: Books on Demand GmbH, Norderstedt, Germany

Covergestaltung: Open Publishing GmbH

Inhaltsverzeichnis

Abstract

The question of this thesis is if an applicant suits the company and the job vacancy to counteract the trend "hired for abilities, fired for personality". Since companies are more and more confronted with the "war for talents", the personality of an applicant sustains increased relevance. The primary objective of this thesis is to describe how the use of personality tests can create a value added under consideration of the multimodal approach. In Addition, the Assessment Center will be defined, its contents will be described, and the current state of scientific research will be taken up. Furthermore, the application of relevant personality tests will be described and filled in a decision matrix defined by quality criteria. The results reflect recommended action for a rational use of personality tests. In conclusion restrictions will be discussed and further research needs will be presented.

Zusammenfassung

Um der Entwicklung „hired for abilities, fired for personality"[1] entgegenzuwirken, lautet die Fragestellung, ob ein Bewerber[2] sowohl zum Unternehmen als auch zur Vakanz passt.[3] Gerade in Bezug auf den „War for Talents", mit dem sich Unternehmen immer mehr konfrontiert sehen, scheint die Persönlichkeit eines Bewerbers eine zunehmend höhere Relevanz zu erhalten. Ziel dieser Arbeit ist es daher zu beschreiben, wie der Einsatz von Persönlichkeitstest, unter Beachtung des multimodalen Ansatzes, einen Mehrwert für das Assessment Center leisten kann. Darüber hinaus wird beschrieben, was das Assessment Center ist und was es beinhaltet. Der aktuelle Stand der Forschung wird zudem aufgegriffen. Weiter werden relevante Persönlichkeitstests in ihrer Anwendung beschrieben und anhand von Qualitätskriterien in einer Entscheidungsmatrix für deren Einsatz dargestellt. Die daraus resultierende Handlungsempfehlung spiegelt den sinnvollen Einsatz mit Persönlichkeitstests wider. Abschließend werden Einschränkungen diskutiert und weiterer Forschungsbedarf aufgezeigt.

---

[1] Hossiep et al. 2015, S. 127 ff.

[2] Im Interesse einer besseren Lesbarkeit wird in dieser Arbeit zur Bezeichnung von Personengruppen ausschließlich die maskuline Sprachform verwendet. Selbstverständlich sind an den entsprechenden Textstellen stets weibliche und männliche Personen gleichermaßen gemeint.

[3] Vgl. Hossiep et al. 2015, S. 127 ff.

Abkürzungsverzeichnis

16 PF	16 Persönlichkeits-Faktoren-Test
AC	Assessment Center
AGG	Allgemeines Gleichbehandlungsgesetz
BAS	Behavioral Approach System (Verhaltensannäherungssystem)
BCI	Bambeck-Competence-Instrument
BDSG-neu	Bundesdatenschutzgesetz-neu
BIP	Bochumer Inventar zur berufsbezogenen Persönlichkeitsbeschreibung
BIS	Behavioral Inhibition System (Verhaltensinhibitionssystem)
COPS	Criterion-Focused Occupational Personality Scales
DIN	Deutsches Institut für Normung e. V.
FKK	Fragebogen zu Kompetenz- und Kontrollüberzeugungen
IBES	Inventar berufsbezogener Einstellungen und Selbsteinschätzungen
ISK	Inventar sozialer Kompetenzen
LMI	Leistungsmotivationsinventar
MBTI	Myers-Briggs Typenindikator
MDI	Management Development Instruments
MMG	Multi-Motiv-Gitter
NEO-FFI	NEO-Fünf-Faktoren-Inventar
NEO-PI-R	NEO-Persönlichkeitsinventar (revidierte Fassung)
Tab.	Tabelle

Tabellenverzeichnis

1 Einleitung

> „Im Assessment Center sehen wir, was jemand in bestimmten Situationen tut. Mit
> dem Persönlichkeitstest sehen wir, warum jemand dies tut."[4]

Die Personalauswahl stellt im unternehmerischen Kontext einen der wichtigsten
Prozesse dar. Um den Erfolg eines Unternehmens gewährleisten zu können, müssen alle Positionen, insbesondere Schlüsselpositionen, mit geeigneten Personen besetzt werden. Instrumente zur Personalauswahl sind dabei u. a. das Assessment Center (AC) und der Persönlichkeitstest. Die arbeits- und organisationspsychologische Forschung versucht jene Verfahren seit Jahrzehnten zu quantifizieren und zu vergleichen. Obwohl bislang unzählige Nachweise zur Wirksamkeit von Persönlichkeitstests vorliegen, scheinen sie die Praxis wenig zu beeinflussen.[5] Dabei spielt die Persönlichkeit eine entscheidende Rolle im Arbeitsleben. Die Relevanz von Persönlichkeitsmerkmalen für den beruflichen Erfolg wird jedoch häufig unterschätzt, was einen der Hauptgründe für den seltenen Einsatz von Persönlichkeitstests in deutschen Unternehmen darstellt. Schuler et al. ermittelten eine Einsatzhäuigkeit von 20% in hiesigen Organisationen.[6] Zudem bestehen viele Vorurteile gegenüber solchen Testverfahren. Mangelnde Privatsphäre, Datenmissbrauch, ungeschulte Anwender und dubiose Typentests sind nur einige davon. Diese Abneigung scheint vor allem in Deutschland zu existieren, da in anderen Ländern, wie in den USA, Großbritannien und Spanien, ein deutlich häufigerer Einsatz von Persönlichkeitstests zu zählen ist.[7]

Persönlichkeitstests haben sich in verschiedenen Meta-Analysen als valide erwiesen und können Kriterien der beruflichen Leistung bedeutsam vorhersagen. In Kombination mit mehreren Verfahren in der Personalauswahl können diese Testverfahren einen Mehrwert leisten, solange der Test eine inhaltliche Ergänzung und psychometrische Güte aufweist. Dieses Verständnis von wissenschaftlich fundierten Tests kommt in Unternehmen häufig nicht an. Valide Persönlichkeitstests sind somit nicht gleich die am häufigsten eingesetzten Tests und Entscheidungsverantwortliche lassen sich oftmals von Marketing-intensiven Testverfahren locken, was

---

[4]   Hogan 2004, o. S.
[5]   Vgl. Funk et al. 2015, S. 26 ff.
[6]   Vgl. Schuler et al. 2007, S. 63.
[7]   Vgl. Bimmler et al. 2010, S. 6.

dazu führt, dass nicht wissenschaftlich fundierte Verfahren häufig verwendet werden.[8]

Ziel dieser Arbeit ist, die Kluft zwischen Wissenschaft und Praxis zu minimieren. Dazu werden zu Beginn das Assessment Center und der Persönlichkeitstest beschrieben sowie 13 ausgewählte Testverfahren näher beleuchtet. Die Auswahl der Tests erfolgte anhand aktueller Literatur und Einsatzhäufigkeit der Verfahren. Die Tests reichen von hoch validen und wissenschaftlich überprüften Tests bis hin zu oft vermarkteten Typentests, mit geringer wissenschaftlicher Güte. So können die Unterschiede in der Anwendung und Interpretation der Ergebnisse verglichen werden und Personalverantwortlichen Hilfestellung bei der Identifikation von Persönlichkeitstests in der Personalauswahl geboten werden. Die Forschungsfrage: „Wie kann der ergänzende Einsatz von Persönlichkeitstests einen Mehrwert im Assessment Center leisten?" wird diskutiert. Dazu werden die Persönlichkeitstests nach Kriterien klassifiziert und in einer Entscheidungsmatrix dargestellt. Zunächst wird zur theoretischen Fundierung das Assessment Center beschrieben.

---

[8] Vgl. Benit; Söllner 2013, S. 146.

2 Assessment Center

Unter Assessment Center ist eine multiple Verfahrenstechnik zu verstehen, in der eignungsdiagnostische Instrumente subsummiert werden. Der Einsatzbereich des Assessment Centers erstreckt sich über die Einschätzung von Kompetenzen bis hin zu einer Prognose des zukünftigen beruflichen Erfolgs. So findet das AC unter anderem in der Eignungs- und Potenzialbeurteilung Anwendung. Kennzeichnend für ein AC ist, dass mehrere Teilnehmer durch diverse geschulte Beobachter im Verhältnis 1 Beurteiler zu 2 Beurteilten eingeschätzt werden. Die Gruppe der Beobachter, die sogenannten Assessoren, setzt sich aus Linienvorgesetzten, Psychologen und Mitarbeitern des Personalwesens zusammen.[9] Diese beobachten und bewerten die Teilnehmenden auf Grundlage eines zuvor definierten Anforderungsprofils.[10] Um eine Einschätzung bezüglich der Kompetenzen oder den zukünftigen beruflichen Erfolg zu gewährleisten, kann sich einer Vielzahl von Aufgabentypen bedient werden.[11] Insgesamt wird eine Kombination aus eigenschafts- oder konstruktorientierten, simulationsorientierten und biographieorientierten Verfahren zur Validitätssteigerung empfohlen.[12] Zu Beginn eines AC muss eine Arbeits- und Anforderungsanalyse durchgeführt werden.

2.1 Arbeitsanalyse

Die Arbeitsanalyse ist als Grundlage der Anforderungsanalyse zu verstehen. Beide Analyseinstrumente dienen dazu ein solides Anforderungsprofil zu erstellen. Hierbei wird jedoch die Schwerpunktlegungen differenziert, weshalb diese in der Literatur oftmals getrennt voneinander betrachtet werden. Gemäß der DIN 33430 ist unter der Arbeitsanalyse eine Methode zu verstehen, mit der die Aufgaben an einem Arbeitsplatz, die auszuübende Tätigkeit sowie ihre Ausführungsbedingungen und die psychischen, physischen und sozialen Bedingungen ebenso wie die Organisationsmerkmale identifiziert werden können.[13] Zur Erhebung dienen die Instrumente, die zum Aufschluss behilflich sind. Dabei kommen u. a. Expertenbefragungen, Fragebögen oder Interviews zum Einsatz.

---

[9] Vgl. Schuler 2014, S. 272.

[10] Vgl. Blickle 2014, S. 248.

[11] Vgl. Obermann 2018, S. 1.

[12] Vgl. Schuler 2007, S. 17.

[13] Vgl. Reimann 2010, S. 104.

2.2 Anforderungsanalyse

Um eine zielsichere und fundierte Personalauswahl treffen zu können, ist es essentiell zu wissen, welche Vorbildung, Verhaltensweisen, Fähigkeiten usw. eine Person kennzeichnet, die in ihrer bisherigen beruflichen Tätigkeit erfolgreich war. So wird als Anforderungsprofil die Summe der Merkmale mit ihrer entsprechenden Ausprägung verstanden. Mithilfe der Anforderungsanalyse werden die Personenmerkmale identifiziert, die als Grundlage zur Personalauswahl, -suche und -planung genutzt werden können.[14] Dabei handelt es sich im Wesentlichen um die Kompetenzbereiche der Fach-, Methoden- und Sozialkompetenz sowie der Persönlichkeits- und Unternehmenskompetenz. Diese Begriffe sind jedoch nicht trennscharf voneinander abgrenzbar, sodass der Arbeitsanalytiker für jede Anforderungsanalyse festlegen muss, was jeweils darunter zu verstehen ist. Die Anforderungsanalyse soll transparent in Bezug auf die beteiligten Personen, verwendeten Quellen sowie der eingesetzten Verfahren dokumentiert werden. Im Rahmen der Auswahlentscheidung sind Muss-Anforderungen als essentieller Bestandteil zu verstehen, wohingegen die Wunsch-Anforderungen optional sind. Ebenso besteht die Möglichkeit Gewichtungen der Anforderungen vorzunehmen.[15]

Zur Bestimmung der Anforderungen haben sich drei Wege zur Erhebung etabliert. Bei der erfahrungsgeleiteten-intuitiven (1) Methode basiert die Einschätzung der Anforderungen auf Erfahrungswerten bzgl. der notwendigen Arbeitsmittel, Qualifikations- und Weiterbildungserfordernisse. Diese Methode ist nur dann ausreichend, wenn die Erfahrung zur Erstellung einer Anforderungsanalyse sinnvoll und effektiv ist, wohingegen die arbeitsplatzanalytisch-empirische (2) Methode Tätigkeitselemente ermittelt, die schließlich in Anforderungen übersetzt werden. Hierbei ist der Einsatz von (teil-)standardisierten Fragebögen oder Prüflisten vorgesehen.[16] Die Leitidee dieser Methode ist, dass sich spezifische Merkmale einer Tätigkeit auch in den spezifischen Anforderungen wiederfinden.[17] Der letzte Ansatz ist die personenbezogene-empirische (3) Methode, die mithilfe von statistischen Zusammenhängen zu erklären versucht, wie Personenmerkmale einerseits und erbrachte Leistungen andererseits dazu genutzt werden können, um Anforderungen

---

14 Vgl. Blickle 2014, S. 208.
15 Vgl. Reimann 2010, S. 105 f.
16 Vgl. Reimann 2010, S. 103.
17 Vgl. Blickle 2014, S. 214.

zu bestimmen.[18] Nachdem die notwenigen Qualifikationen ermittelt wurden, stellt sich die Frage, wie jene Qualifikationen beobachtet und gemessen werden können. Hierzu wird sich der Methodenvielfalt des Trimodalen Ansatzes bedient.

2.3 Trimodaler Ansatz der Berufseignungsdiagnostik

Der trimodale Ansatz der Berufseignungsdiagnostik stellt eine Weiterentwicklung der Dichotomie von Wernimont und Campell aus dem Jahre 1968 dar, in dem die Erfassung von wichtigen Verhaltensmerkmalen durch eine multimodale oder multimethodale Methodik Berücksichtigung findet. So kann ausgeschlossen werden, dass einzelne Verfahren nur Ausschnitte des gemessenen Konstrukts bzw. Verhaltensbereichs messen. Dies führt dazu, verschiedene Eignungspotenziale einer Person zu erheben und den Einfluss von Einzelverfahren herausrechnen zu können. Durch diese Herangehensweise wird, neben einer höheren Validität, auch eine höhere Generalisierbarkeit auf andere Bereiche, vor allem aber auf zukünftige berufliche Situationen, erreicht. Durch Weiterentwicklungen wurden wesentliche Modalitäten herausgearbeitet, die durch drei Verfahrenstypen beschrieben werden:

- biographiebezogene Verfahren

- eigenschafts- oder konstruktorientierte Verfahren

- simulationsorientierte Verfahren

Diese bilden die Verfahrenszugänge zum trimodalen Ansatz der Berufseignungsdiagnostik.[19] Diese Verfahrenstypen unterscheiden sich nicht nur im Zuge der Diagnosemethoden, sondern auch hinsichtlich der Validierungslogik, bei der die Fragestellung lautet, welche Bedeutung der Messung bzw. des erfassten Merkmals zukommt.[20] So unterliegen die biographiebezogenen Verfahren hauptsächlich der Kriteriumsvalidität, da diese Validität, mit Außenkriterien (bspw. Schulnoten) zusammen hängt, die unabhängig von der Messsituation denselben Sachverhalt darstellen. So soll anhand von biographischen Fakten der spätere berufliche Erfolg vorhersagt werden können. Hingegen wird bei den eigenschaftsorientierten Verfahren eine hohe Konstruktvalidität vorausgesetzt. Dieser Form der Validität kommt in den Sozialwissenschaften großer Bedeutung zu. Im Gegensatz zur Kriteriumsvalidität müssen für die Konstruktvalidität belastbare Theorien vorliegen,

---

18   Vgl. Reimann 2010, S. 103.
19   Vgl. Schuler 2014, S. 157.
20   Vgl. Schuler 2007, S. 17.

um den gemeinsamen Ursprung eines Konstrukts messen zu können. Die Validierung überprüft somit anhand von Hypothesen, ob die theoretischen Zusammenhänge tatsächlich nachweisbar sind. Zuletzt müssen die verhaltensorientierten Verfahren inhaltsvalide sein. Die Inhaltsvalidität lässt sich nicht anhand objektiver Kriterien messen, sondern wird häufig durch Experten bei der Konstruktion ermittelt. Ziel einer hohen Inhaltsvalidität ist es, möglichst alle Aspekte der zu messenden Dimension zu berücksichtigen und somit bestenfalls die vollständige Repräsentation einer Eigenschaft zu gewährleisten.[21]

Das AC bietet nun die Möglichkeit die o. g. diagnostischen Validitäten zu verbinden und die Erkenntnis- und Informationsgewinnung über eine Person zu steigern. Daraus ergibt sich, dass die Modalitäten Eigenschaft, Verhalten und Ergebnis nicht losgelöst von einander betrachtet werden können. Vielmehr stehen sie in einer Bedingungsrelation.

Im Sinne des Verfahrenstypen „eigenschafts- oder konstruktorientierte Verfahren", der Modalität Eigenschaften und unter Prognose des zukünftigen beruflichen Erfolgs, ist unter dem Begriff „Eigenschaften" zu verstehen, dass diese die Grundlage des Verhaltens bilden. Damit können Vorhersagen über den Erfolg, aber auch über die Trainierbarkeit getroffen werden. Die Generalisierbarkeit eigenschaftsbezogener Vorhersagen ist dabei im Vergleich zu den anderen Modalitäten höher. Zur Erhebung haben sich psychologische Tests als Methode der Wahl etabliert, auch wenn diese Verzerrungstendenzen ausgesetzt sind.[22,23] Eine weitere diagnostische Methode stellt das simulationsorientierte Verfahren, in dem die Modalität „Verhalten" im Fokus steht, dar. Verhalten ist demnach in einer angemessenen Situationsgestaltung beobachtbar, insbesondere das Verhalten zum geforderten Tätigkeitskontext. Hierzu können als diagnostische Methode beispielsweise Arbeitsproben, Arbeitssimulationen, Rollenspiele und Gruppendiskussionen gezählt werden.[24,25] Als abschließender Verfahrenstyp ist das Konstrukt der biographiebezogenen Verfahren darzustellen. Hierbei steht die Modalität „Ergebnisse" im Mittelpunkt. Diese sind mess- und zählbar und stellen dementsprechend eine deutliche Repräsentation der

---

[21] Vgl. Schnell et al. 2013, S. 145.

[22] Vgl. Schuler 2007, S. 18 ff.

[23] Vgl. Schuler 2014, S. 159.

[24] Vgl. Schuler 2007, S. 21.

[25] Vgl. Schuler 2014, S. 158.

Leistungsziele dar. Es wird abgeleitet, dass aus vergangenem Verhalten zukünftiges Verhalten diagnostiziert werden kann. Als Messinstrument dienen Zeugnisse und Referenzen oder biographische Fragen, wie beispielsweise in einem Interview.[26] Um sich der Forschungsfrage weiter zu nähern, werden Persönlichkeitstests als integraler Bestandteil im Assessment Center beschrieben.

---

[26] Vgl. Schuler 2007, S. 21.

3 Persönlichkeitstests

Um sich dem Kapitel der Persönlichkeitstests zu nähern, werden zunächst die Begriffe „Persönlichkeit" und „Tests" beschrieben. Für das Konstrukt der Persönlichkeit existiert aufgrund verschiedener Forschungsgebiete und psychologischer Schulen eine Vielzahl an Definitionen. Insgesamt handelt es sich um ein sehr globales und allgemeines Konstrukt, welches bei jedem Menschen als ein individuelles und relativ stabiles Verhaltenskorrelat zu verstehen ist.[27] Die Persönlichkeit in ihrer Gesamtheit zu erfassen und in ihrer Struktur sowie Wechselwirkung zu beschreiben, zu erklären und vorherzusagen, ist dabei ein Ziel der Psychologie. Zu den bekanntesten Arbeiten der faktorenanalytisch begründeten Gesamtsystemen der Persönlichkeit zählen neben den Persönlichkeitstheorien von Guilford und von Eysenck ebenso die persönlichkeitstheoretischen Konzepte von Catell, aus denen das Standardmodell der Persönlichkeitsforschung – das Fünf-Faktoren-Modell – abgeleitet ist. Aus biopsychologischer Sicht seien an dieser Stelle die BIS/BAS-Theorie der Persönlichkeit von Grey und die biosoziale Persönlichkeitstheorie von Cloninger erwähnt. Weitere Theorien der emotionspsychologischen, verhaltenstheoretischen und kognitiven Persönlichkeitskonstrukte liefern eine breite wissenschaftliche Sicht auf das Konstrukt und machen deutlich, dass es keine einheitliche Definition von Persönlichkeit geben kann.[28] Eine der größten Herausforderungen liegt darin begründet, dass es keinen direkten Zugriff auf die Persönlichkeit gibt. Sie kann lediglich aus Beobachtungen oder Indikatoren abgeleitet werden. So ist das Persönlichkeitsmerkmal Freundlichkeit genauso wenig direkt fassbar wie z. B. die Leistungsmotivation. Beobachtbares Verhalten, wie Lachen oder positiv zugewandte Körpersprache, sind jedoch Indikatoren, die Hinweise auf das Persönlichkeitsmerkmal Freundlichkeit geben können.[29]

Im Gegensatz zum komplexen Konstrukt der Persönlichkeit lassen sich Testverfahren einfacher und genauer definieren. Die Bezeichnung eines Testverfahrens basiert auf der methodischen Einordnung zur Testtheorie. Demnach müssen methodisch genau definierte Schritte durchlaufen werden, was eine langwierige Entwicklungsphase beinhaltet. Die Testtheorie versucht dabei die Frage zu beantworten,

---

27 Vgl. Salewski; Renner 2009, S. 13.
28 Vgl. Amelang et al. 2006, S. 303.
29 Vgl. Salewski; Renner 2009, S. 13.

welche Zusammenhänge zwischen dem zu messenden (teilweise latenten) Merkmal und dem tatsächlich beobachteten Testverhalten bestehen. Weiterer Inhalt der Testtheorie ist die Frage, welche Anforderungen ein Test erfüllen muss, um anhand der Ergebnisse auf die tatsächliche Ausprägung eines bestimmten Merkmals folgern zu können.[30] Psychologische Testverfahren stellen keine in sich homogene Gruppe dar. Es wird unterschieden zwischen Leistungs- und Persönlichkeitstests. Die Ergebnisse der Tests stellen Indikatoren für psychologische Konstrukte dar und können als Vorbedingung für das Entstehen von Kompetenzen gesehen werden. Die hohen Ansprüche an die Methodik und ein hoher Standardisierungsgrad können als wesentliche Vorteile von Testverfahren gesehen werden, solange die Tests objektive, zuverlässige und vergleichbare Ergebnisse liefern. Ein wesentlicher Nachteil von Testverfahren stellt die Akzeptanz seitens der Bewerber dar (vgl. Kapitel 6).[31]

Die Persönlichkeitstests stellen somit ein standardisiertes, routinemäßig anwendbares Verfahren dar, welches zur Messung individueller Verhaltensmerkmale dient. Daraus können Schlüsse auf Eigenschaften einer Person oder dessen Verhalten in bestimmten Situationen gezogen werden. Beim Einsatz von Persönlichkeitstests wird folgender Trend beobachtet: Die Betrachtung einzelner Persönlichkeitsdimensionen rückt in den Hintergrund und die Interaktion mit mehreren Persönlichkeitsdimensionen wird fokussiert (1). Persönlichkeitstests werden zunehmend aus der Beobachterperspektive als Fremdeinschätzung vorgenommen, um dem sozial erwünschtem Antwortverhalten entgegenzuwirken und ein differenzierteres Bild der jeweiligen Persönlichkeit zu erhalten (2) und Persönlichkeitstests beinhalten häufiger kontextualisierte, auf die berufliche Situation bezogene, Items (3).[32] Unter sozial Erwünschten Antwortverhalten wird eine Form der Selbstdarstellung in der Bearbeitung von Persönlichkeitsfragebögen verstanden. Der Testend wird dann sozial erwünscht antworten, wenn bei der ehrlichen Beantwortung der Frage mit sozialer Verurteilung zu rechnen ist. Dies ist dann der Fall, wenn die Antwort nicht den gesellschaftlichen Normen und Werten entspricht. Wie eingangs angedeutet, müssen Persönlichkeitstests von Leistungstests abgegrenzt werden. Leistungstests werden vor allem in Form von Intelligenztests angewandt. Häufig müssen diese

---

30 Vgl. Döring; Bortz 2016, S. 461.
31 Vgl. Lang-von Wins 2007, S. 772.
32 Vgl. Blickle 2014, S. 245.

Aufgaben schnell und korrekt gelöst werden, wohingegen es bei Persönlichkeitstests keine wahren oder falschen Antworten gibt und der Teilnehmer vielmehr zu bestimmten Aussagen seine Zustimmung oder Ablehnung beurteilen soll. Keine Abgrenzung, aber eine Art „Unterform" der Persönlichkeitstests stellen die berufsbezogenen Persönlichkeitstests dar. Für diese Art von Tests stehen hauptsächlich zwei Anbietergruppen auf dem Markt bereit. Zum einen lassen sich wissenschaftlich-standardisierte Verfahren für den beruflichen Kontext finden. Diese werden zumeist durch bekannte Testverlage zur Verfügung gestellt (v. a. Hogrefe Testverlag). Zum anderen bieten Beratungshäuser teilweise ausländische Lizenzmodelle oder selbst konstruierte Persönlichkeitstests mit Berufsbezug an. Durch die oftmals starken Vertriebsaktivitäten finden auch weniger elaborierte Verfahren häufig Anwendung. So wird ein Testverfahren im Unternehmen oftmals ohne ausreichenden fachlichen Hintergrund oder einfach aufgrund der Schlichtheit ausgewählt, sodass teilweise absurde Testverfahren mit pseudowissenschaftlicher Ausrichtung zum Zuge kommen. Dies kann gerade in Personalauswahlsituationen gravierend sein und zu einer unnötigen Fehlinvestition führen. Aufgrund der weiten Verbreitung letztgenannter Testverfahren im Unternehmen[33], werden auch diese in der vorliegenden Arbeit, trotz ihrer wissenschaftlichen Defizite, im Kapitel 3.2.4 thematisiert und in die Entscheidungsmatrix (Kapitel 5) eingebunden. Diese soll Entscheidern künftig bei der Auswahl von Persönlichkeitstests als Stütze und als kritische Reflexion und Einordnung dienen. Um Persönlichkeitsmerkmale zu quantifizieren, wird im Folgenden auf die Messung von Persönlichkeit eingegangen.

3.1 Messung der Persönlichkeit

Die größte Herausforderung der Persönlichkeitstheorien ist dadurch begründet, dass es keinen direkten Zugang zur Persönlichkeit gibt. Sie muss immer durch beobachtbare Hinweise oder Indikatoren erschlossen werden (Vgl. Kapitel 3). Dennoch ist für die wissenschaftlich gesicherte Psychologie der Persönlichkeit eine empirische Überprüfung der Persönlichkeitsmerkmale grundlegend, um sich von Alltagstheorien abzugrenzen und widerspruchsfrei prüfbar zu sein. [34] Hierzu haben sich unterschiedliche Ansätze des methodischen Zugangs sowie der Datengewinnung etabliert.

---

[33] Vgl. Hossiep; Mühlhaus 2015, S. 3.
[34] Vgl. Salewski; Renner 2009, S. 13.

3.1.1 Methodische Zugänge

In der Differentiellen Psychologie werden vier verschiedene Zugänge zur Untersuchung von Persönlichkeitseigenschaften beschrieben. Einen methodischen Zugang bildet der Variationsansatz (1), welcher die Unterschiede zwischen Personen aufgrund eines Merkmals erfasst. In diesem Ansatz wird angenommen, dass jeder eine Disposition (bspw. Intelligenz) besitzt, jedoch in unterschiedlich hoher Ausprägung. Darüber hinaus kann auch der Zusammenhang zweier Merkmale erhoben werden. Die Erweiterung dieser Perspektive wird als Korrelationsansatz (2) bezeichnet. Damit wird der Grad des Zusammenhangs zweier Merkmale gemessen, d. h. deren Beeinflussung untereinander.[35] Im Gegensatz dazu betrachtet der Ansatz der Psychographie (3) viele Merkmale einer Person. Unter Anwendung dieses methodischen Zugangs kann so ein Persönlichkeitsprofil, unter Beachtung der differenzierten Ausprägungen einzelner Merkmale, erhoben werden. Um Personen in Persönlichkeitsprofile zu klassifizieren und zu Persönlichkeitstypen zusammenzufassen, kann der methodische Zugang des Komparationsansatzes (4) sinnvoll sein. Dieser baut auf den psychographischen Ansatz auf und vergleicht die Ähnlichkeit von Persönlichkeitsprofilen zweier bzw. mehrerer Personen.[36]

3.1.2 Art der Datenerhebung

Um Persönlichkeitsmerkmale zu erschließen, können verschiedene Verfahren zum Einsatz kommen. Im Wesentlichen finden hier Fragebögen zur Selbst- und Fremdeinschätzung, aber auch die Verhaltensbeurteilung und -beobachtung Anwendung.

Selbstberichte in Form von Fragebögen scheinen an dieser Stelle die einfachste und am häufigsten angewandte Erhebungsmethode für Persönlichkeitsmerkmale zu sein, um eine Person zu ihren Gedanken, Handlungsmotiven und Gefühlen zu befragen. Grundsätzlich kann zwischen der mündlichen Interviewtechnik und dem schriftlichen Fragebogen unterschieden werden. Die schriftliche Erhebung von Persönlichkeitsmerkmalen wird im Allgemeinen als anonymer erlebt und verringert so die Tendenz zur sozialen Erwünschtheit.[37] Als essentieller Bestandteil von

---

[35] Vgl. Salewski; Renner 2009, S. 23 f.
[36] Vgl. Salewski; Renner 2009, S. 26.
[37] Vgl. Salewski; Renner 2009, S. 27.

Persönlichkeitsfragebögen muss differenziert werden, ob ein bestimmtes Konstrukt, also eine Fähigkeit (z. B. Intelligenz), eine Persönlichkeitseigenschaft (z. B. Extraversion (eindimensional)) oder verschiedene Unterdimensionen eines Konstrukts (z. B. Geselligkeit (mehrdimensional) vgl. Tab. 1) gemessen werden sollen.[38]

Um die Selbstbeschreibung zu validieren, wird häufig die Fremdeinschätzung durch Bekannte oder Freunde, zumeist durch die Erhebung mittels Fragebogen, durchgeführt. Diese sollen eine Einschätzung des Probanden durchführen, in dem ihnen die gleichen Fragen vorgelegt werden und nur die entsprechenden Items an die Zielgruppe angepasst sind. Durch die Fremdeinschätzung wird so eine zweite Perspektive gewonnen und die Selbsteinschätzung kann validiert werden.[39] Als zweite Erhebungsmethode stellt sich die Verhaltensbeurteilung und -beobachtung dar. Die Verhaltensbeurteilung findet dann Anwendung, wenn eine Person die Persönlichkeit einer Zielperson einschätzen soll. Deren Aufgabe beinhaltet also die komplexen Eigenschaften einer Person anhand von beobachtbaren Merkmalen zu definieren. Urteilsverzerrungen, bspw. weil die Einschätzung abstrakt und verhaltensfern ist, können durch die Aggregation mehrerer Beurteiler minimiert werden. Im Gegensatz dazu steht die Verhaltensbeobachtung. Diese Methode beinhaltet die Wahrnehmung von unmittelbar beobachtbaren Verhaltensaspekten und bedarf daher weniger Interpretationsspielraum. Gegenüber der Fragebogentechnik können so weitere individuelle Verhaltensweisen, wie Blickkontakt, Mimik, Gestik, usw. einbezogen werden, auch wenn die Herausforderung besteht, nur die Verhaltensweisen zu identifizieren, die relevant für die adressierten Eigenschaften sind.[40]

3.1.3 Testverfälschung bei Persönlichkeitstests

Unterschiedliche Gründe können zur fehlerhaften Datenerhebung bei der Anwendung von psychologischen Tests führen. Im Wesentlichen stellen sich die Fehlerquellen folgendermaßen dar: Zum einen können Fehler durch den Test selbst (1) zustande kommen, wenn der Test nicht den gängigen Gütekriterien entspricht. Darüber hinaus können Fehler bei der Anwendung (2) entstehen, sofern die Durchführungsbestimmungen aus dem jeweiligen Manual nicht befolgt werden, oder der Test bei einer falschen Zielgruppe Anwendung findet. Abschließend sind Fehler

---

38 Vgl. Döring; Bortz 2016, S. 430.

39 Vgl. Salewski; Renner 2009, S. 30.

40 Vgl. Salewski; Renner 2009, S. 34.

durch die Testperson (3) festzuhalten. Diese Fehler äußern sich bspw. durch Simulation und Dissimulation des eigenen Verhaltens. So wird unter Simulation die taktische Fälschung der Testbeantwortung verstanden. Dies ist dann der Fall, wenn die eigene Leistungsmotivation höher eingeschätzt oder übertrieben dargestellt wird. Dissimulation wiederum stellt eine Verharmlosung oder Verleugnung dar.[41] Auch die Selbsttäuschung ist im Sinne der Testverfälschung zu erwähnen. Durch die Erhebung von Persönlichkeitsmerkmalen bedeutet dies oftmals für die Befragten eine Konfrontation mit dem Selbst, wobei eigene Verhaltensweisen dann als unwahr angenommen werden. Auch die Testverfälschung durch soziale Erwünschtheit (Social desirability) ist an dieser Stelle noch einmal zu nennen. Um das Testverfahren auf soziale Erwünschtheit empirisch zu überprüfen, kann sich der sogenannten „Faking-Good-Instruction" bedient werden. In diesem Verfahren wird einer Kontrollgruppe der Test vorgelegt, der unter Normalbedingungen ausgefüllt wird. Anschließend werden die Testteilnehmer so instruiert, dass der Test nun so zu beantworten ist, dass er maximal positiv und günstiger ausfällt. Je kleiner die Diskrepanz beider Ergebnisse ist, desto weniger anfällig ist der Test für Verfälschungen. Dennoch muss bedacht werden, dass die Differenz nicht zwangsläufig Ausschluss darüber gibt, wie unverfälschbar der Test ist, sondern es im Resultat auch zu Verständnisschwierigkeiten, bezogen auf Vorstellungen und erstrebenswertes Verhalten, kommen kann, die in der Durchschnittsberechnung kompensiert werden können.[42]

3.2 Testverfahren

Der Begriff „Test" hat eine globale Bedeutung. Dabei wird der Begriff für alle psychologisch-diagnostischen Verfahren herangezogen. Da der Persönlichkeitstest eine Untergruppe psychologisch-diagnostischer Verfahren darstellt, ist er in der vorliegenden Arbeit gleichbedeutend mit dem Begriff „Test" zu verstehen.[43]

3.2.1 Allgemeine Persönlichkeitsverfahren

Durch die Weiterentwicklung der faktoranalytischen Persönlichkeitsforschung hat die persönlichkeitsorientierte Eignungsdiagnostik profitiert. So finden sich dort Konzepte mit unterschiedlichster Faktorzahl und methodischen Vorgehensweisen.

---

[41] Vgl. Bortz; Döring 2016, S. 436 f.
[42] Vgl. Döring; Bortz 2016, S. 437 ff.
[43] Vgl. Testkuratorium 2010.

In der Persönlichkeitsforschung haben sich im Laufe der Zeit jedoch zwei Herangehensweisen durchgesetzt. Zum einen ist es der lexikalische Ansatz als methodisches Konzept und zum anderen die Differenzierung der fünf großen Persönlichkeitseigenschaften, welche heute die meistgenutzte Referenz in der Persönlichkeitspsychologie darstellt.[44]

3.2.1.1 16 Persönlichkeits-Faktoren-Test (16 PF)

Der 16 PF ist ein Test zur Strukturierung der Persönlichkeit, dessen Ziel die umfassende Beschreibung ist. Der 16 PF ist im Zuge der Forschungsfrage entstanden, über wie viele und welche Persönlichkeitseigenschaften eine Person verfügt. Im Rahmen dessen hat Cattell in seiner Untersuchung den psycholexikalischen Ansatz entworfen. Dabei wurden 17.953 persönlichkeitsrelevante Begriffe ermittelt, die darlegen sollen, dass sich zwischenmenschliche Differenzen in der Sprache abbilden lassen. In weiteren faktoranalytischen Untersuchungen schmälerte Cattell die Kategorien auf 35 Cluster zu je 6 bis 12 Elementen.[45] Dies führte zunächst zu den 12 Cattell'schen Faktoren[46] und letztlich zum 16 PF, welcher um 4 spezifische Faktoren ergänzt wurde. Somit erfolgte die Erhebung der Persönlichkeitsdimensionen nicht unter inhaltlichen Aspekten, sondern anhand statistischer Verfahren (Faktorenanalyse). Der 16 PF umfasst 16 Primär- und 5 Sekundärdimensionen, welche bipolar beschrieben sind.[47] Zur Interpretationshilfe werden fünf Aspekte beschrieben, die sowohl für die Primär- als auch Sekundärdimensionen gelten, um die Skalenpole einzuordnen. Darüber hinaus können auch Formeln zur Erhebung von Konfidenzintervallen oder zur Berechnung von statistischer Bedeutsamkeit von Differenzen herangezogen werden.[48] Die Reliabilität des 16 PF wird mit $\alpha = .66$ bis $\alpha = .89$ ausgewiesen.[49] Cronbach's Alpha ist dabei ein Ausdruck der Reliabilität der Skala. Die Werte sollten dabei mindestens 0,8 betragen. Je stärker die Items untereinander korrelieren, desto höher ist α.[50] Die Bearbeitungsdauer des Tests wird,

---

44 Vgl. Höft; Schuler 2014, S. 90 f.
45 Vgl. Hossiep et al. 2000, S. 104.
46 Vgl. Amelang et al. 2006, S. 276 f.
47 Vgl. Hossiep et al. 2000, S. 104.
48 Vgl. Hossiep et al. 2000, S. 104 ff.
49 Vgl. Hossiep; Mühlhaus 2015, S. 67.
50 Vgl. Häder 2015, S. 99.

bei Berücksichtigung von 184 Items, mit ca. 45 Minuten angegeben, welche auf einer dreistufigen Antwortskala erfolgt. Die Auswertung erfolgt manuell, erfordert zur Interpretation jedoch einen qualifizierten Anwender, der die Einordnung der Ergebnisse zu verstehen weiß.[51]

3.2.1.2 NEO-Fünf-Faktoren Inventar (NEO-FFI)

Ebenso wie der 16 PF ist der NEO-FFI ein Persönlichkeits-Struktur-Test, der auf den psycholexikalischen Ansatz zurückgeht. Dabei wurden mehr Befunde veröffentlicht, die das zum Ergebnis haben, dass in allen Analysen stetig fünf gemeinsame Faktoren vorkamen (vgl. Tab. 1).[52] Diese von den Forschern ermittelten Faktoren wurden später durch Goldberg die „Big Five" genannt, um auszudrücken, dass diese Faktoren ausgedehnte Aspekte der Persönlichkeit umschreiben.[53]

Persönlichkeitstests, die diese fünf Faktoren umfassen, sind die von Costa und McCrae als NEO-FFI bekannten Testverfahren.[54] Hinter den fünf Faktoren stehen verschiedene Anker, die als Interpretationshilfe dienen sollen. Borkenau und Ostendorf postulieren diese Kurzbeschreibungen wie folgt: Menschen mit einem hohen Neurotizismus-Wert neigen zu unrealistischen Ideen und weisen ein Defizit in der Selbstregulierung in Stresssituationen auf. Dabei wirken sie oft ängstlich, traurig und unsicher. Personen, die einen ausgeprägt hohen Extraversions-Wert aufweisen neigen hingegen zu Geselligkeit, Gesprächigkeit und Personenorientierung. Sie mögen Aufregung und Anreize. Eine starke Ausprägung in Bezug auf Offenheit für Erfahrung impliziert, dass jene Menschen vielfältige kulturelle Interessen hegen. Darüber hinaus zeichnen sie sich durch Wissbegierde und Kreativität aus. Personen, die über einen hohen Messwert an Verträglichkeit verfügen, werden als nachgiebig und harmoniebedürftig beschrieben. Dabei neigen sie zu zwischenmenschlichem Vertrauen und Kooperation. Der Faktor Gewissenhaftigkeit unterscheidet hingegen lediglich zwischen zuverlässigen und disziplinierten Personen und solchen, die nachlässig und gleichgültig sind.[55]

Die nachfolgende Tabelle (Tab. 1) bietet eine Übersicht der fünf Faktoren und den dazugehörigen Attributen.

---

51   Vgl. Hossiep; Mühlhaus 2015, S. 64 f.

52   Vgl. Hossiep et al. 2000, S. 117.

53   Vgl. Amelang et al. 2006, S. 276 f.

54   Vgl. Höft; Schuler 2014, S. 91.

55   Vgl. Borkenau; Ostendorf 1993, S. 5 zitiert nach Hossiep et al. 2000, S. 120.

Neurotizis-mus	Extraver-sion	Offenheit für Erfah-rungen	Verträglich-keit	Gewissenhaf-tigkeit
Ängstlich-keit	Herzlich-keit	Fantasie	Vertrauen	Selbstdisziplin
Reizbarkeit	Gesellig-keit	Gefühle	Entgegen-kommen	Ordnungs-liebe
Depressio-nen	Durchsetz-ungskraft	Handlungen	Altruismus	Pflichtbe-wusstsein
Soziale´Be-fangenheit	Aktivität	Ideen	Bescheiden-heit	Leistungs-streben
Impulsivität	Frohsinn	Ästhetik	Gutherzig-keit	Kompetenz streben
Verletzlich-keit	Erlebnis-hunger	Wert- und Normensys-teme	Freimütig-keit	Besonnenheit

Tabelle 1: Fünf-Faktoren Modell der Persönlichkeit[56]

Bei der Reliabilität ist anzumerken, dass die internen Konsistenzen der Skalen, bezogen auf die geringen Items, als hoch einzustufen sind. So liegen die Berechnungen aller fünf Dimensionen zwischen $\alpha = .72$ bis $\alpha = .87$.[57] Der Test kann innerhalb weniger Minuten bei 60 Items bearbeitet werden. Der Kandidat trifft mittels Selbsteinschätzung seine Aussagen auf einer fünfstufigen Skala. Die Auswertung erfolgt mittels Schablone.[58]

Der NEO-FFI wird in der Psychologie weitgehend akzeptiert, da er nicht nur durch seine Ökonomie, sondern auch durch das zugrundeliegende persönlichkeitstheoretische Modell zweckmäßig in der Personalarbeit eingesetzt werden kann. Allerdings sollte der NEO-FFI nicht zur alleinigen Selektionsauswahl verwendet werden, sondern flankierend in der beruflichen Beratung oder multimodal mit anderen Verfahren Anwendung finden.[59]

3.2.1.3 Bochumer Inventar zur berufsbezogenen Persönlichkeitsbeschreibung

Das Bochumer Inventar zur berufsbezogenen Persönlichkeitsbeschreibung (BIP) wurde mit dem Ziel entwickelt, ein umfassendes und berufsbezogenes Instrument zur Verfügung zu stellen, welches im Berufskontext verwendet werden kann, da

---

[56]   In Anlehnung an Schuler 2014, S. 100.

[57]   Vgl. Borkenau; Ostendorf 2008, S.105.

[58]   Vgl. Hossiep et al. 2000, S.120 f.

[59]   Vgl. Hossiep et al. 2000, S. 123.

bisherige Verfahren weniger geeignet schienen.[60] Beim Bochumer Inventar handelt es sich um einen Persönlichkeits-Struktur-Test, mittels dem versucht wird die Persönlichkeit umfassend zu beschreiben.

Als Grundlage zur Konstruktion dienten wissenschaftlich abgesicherte Persönlichkeitsmerkmale, die sich im Berufsleben als relevant erwiesen haben, ergänzt durch persönlichkeitsbezogene Anforderungen.[61] So wurden Merkmale aus der persönlichkeitspsychologischen Literatur mit Erfahrungswissen von Praktikern und Führungskräften kombiniert. Folglich entspringt der BIP keiner einzelnen theoretischen Konzeption, sondern wurde anhand verschiedener theoretischer Fundierungen, mit möglichst guter Passung zur diagnostischen Praxis entwickelt. Deshalb finden sich neben gut abgesicherten Dimensionen auch Skalen, die bislang keine wissenschaftliche Fundierung erfahren haben, jedoch in der Praxis von Bedeutung sind.[62] Daraus entstanden 14 Merkmale bzw. Dimensionen, welche sich den 4 übergreifenden Gruppen berufliche Orientierung (1), Arbeitsverhalten (2), soziale Kompetenzen (3) und psychische Konstitution (4) zuordnen lassen.[63] Die Reliabilität des BIP wird mit $\alpha = .75$ bis $\alpha = .92$ angegeben. Die Testdurchführung erfolgt mittels 210 Items, die Aussagen über die eigene Person beinhalten. Dabei finden 12 bis 16 Aussagen pro übergreifender Gruppe Anwendung und werden auf einer 6-stufigen Skala erhoben. Die Bearbeitungszeit beträgt etwa 45 Minuten, während die händische Auswertung mittels Schablonen etwa 20 Minuten beansprucht.[64] Auch hierbei empfiehlt sich ein qualifizierter Anwender, der fundierte Kenntnisse des Verfahrens aufweist, um die Ergebnisse angemessen einordnen zu können.[65]

3.2.2 Spezielle Verfahren

Spezielle oder spezifische Verfahren sind Persönlichkeitstests, die, im Gegensatz zu den allgemeinen Verfahren (siehe Kapitel 3.2.1), nicht eine ganze Bandbreite an Merkmalen zu erfassen versucht, sondern sich lediglich auf die Erfassung von einzelnen Konstrukten beschränken.[66] Im folgenden Kapitel werden exemplarisch

---

[60] Vgl. Hossiep et al. 2000, S. 160.
[61] Vgl. Hossiep; Mühlhaus 2015, S. 91 ff.
[62] Vgl. Hossiep et al. 2000, S. 162.
[63] Vgl. Schuler 2014, S. 189.
[64] Vgl. Hülsheger et al. 2006, S. 137.
[65] Vgl. Hossiep; Mühlhaus 2015, S. 92.
[66] Vgl. Schuler 2014, S. 192.

drei Tests vorgestellt, dessen untersuchte Merkmale in den allgemeinen Verfahren nur indirekt mit erfasst werden.

3.2.2.1 Integrity Test (IBES)

Die Bezeichnung Integrity leitet sich aus dem Englischen ab und dient der Erfassung von Ehrlichkeit. Der Test wurde entwickelt, um Bewerber zu identifizieren, die zu kontraproduktivem Verhalten tendieren. Somit kann der Test als eine umgekehrte Selektionsmethode verwendet werden, indem Personen mit unerwünschtem Verhalten selektiert werden. Historisch entstammt der Test dem Militär und wurde während des Zweiten Weltkrieges von George Betts entwickelt, um Rekruten mit kriminellen Hintergrund zu ermitteln. Heute finden sich vor allem zwei Varianten des Integrity Tests. Zum einen als einstellungsorientiertes Verfahren bzw. offenes Verfahren. Dieses Verfahren besteht aus Fragen, wie bestimmte Sachverhalte in Verbindung mit Diebstahl zu bewerten sind. Zum anderen finden eigenschaftsorientierte Verfahren Anwendung. Diese erheben primär Selbstbeschreibungen und lassen sich eher den Persönlichkeitstests zuordnen. Die Merkmalserfassung ist breiter angelegt und beschränkt sich nicht nur auf den Themenbereich Diebstahl.[67]

Entscheidend für die Bestimmung der wissenschaftlichen Güte ist die Validität dieser Verfahren. Studien fanden nur geringe Zusammenhänge der durch den Integrity Test ermittelten Werte zu den objektiven Maßen des Diebstahls ($r = .13$). Dies lässt zunächst die Vermutung zu, dass die Tests kaum vorhersagen können, welche Kandidaten anfällig für Diebstahl sind. Allerdings müssen dabei methodische Grenzen bedacht werden, da Diebstahl ein Verhalten mit geringer Basisrate darstellt und somit schon aus statistisch-mathematischen Gründen kein hoher Zusammenhang zu erwarten ist. Im Gegensatz erzielen die eigenschaftsorientierten Verfahren bessere Ergebnisse. Hier lassen sich mittlere Korrelationen mit nicht-diebstahlbezogenem kontraproduktiven Verhalten von $r = .29$ finden. Da hierbei allerdings das unerwünschte Verhalten nicht weiter zergliedert wurde, untersuchte eine neuere Metaanalyse die Werte des Integrity Test mit Absentismus, also der Abwesenheit vom Arbeitsplatz. Hierbei lassen sich für einstellungsorientierte Verfahren keine Zusammenhänge finden, während sich für eigenschaftsorientierte Verfahren korrigierte Korrelationen von $r = .33$ nachweisen lassen. Eine eindeutige Klärung zur Validität der Integrity Tests liegt zwar weiter nicht vor, allerdings lassen sie eine

---

[67] Vgl. von Rosenstiel; Nerdinger 2011, S. 165.

Vorhersage zum Absentismus zu und sind somit als eignungsdiagnostisches Verfahren durchaus geeignet, um eine Prognose zu kontraproduktivem Verhalten bei der Bewerberauswahl zu ermitteln. Zudem können sie die Leistung von Bewerbern vorhersagen, was die Anwendung als Auswahlverfahren unterstreicht. Wichtig zu beachten ist allerdings, dass Integrity Tests, auf Grund der negativen Fragenformulierung, zu Irritationen bei den Bewerbern führen können und eine Auswahlentscheidung keineswegs nur aufgrund dieser Tests erfolgen sollte.[68]

3.2.2.2 Inventar sozialer Kompetenzen (ISK)

In der Personalauswahl haben die sozialen Kompetenzen, einen hohen Stellenwert und finden sich in fast allen beruflichen Anforderungen wieder. Unter soziale Kompetenzen werden Dispositionen des kommunikativen und kooperativen Handelns verstanden.[69] Da es eine Vielzahl an Kompetenzen umfasst, ist das Messinstrument ISK zwangsläufig ein multidimensionales Verfahren. Kanning entwickelte diesen Test 2009 indem er Persönlichkeitsitems mittels Item- und Skalenanalyse reduzierte und faktoranalytisch in 17 Primärfaktoren klassifizierte. Die Kurzversion beinhaltet vier Sekundärfaktoren. Die faktorielle Äquivalenz beider Versionen ist gegeben. Wahlweise kann der Test als Paper/Pencil oder computergestützt durchgeführt werden. Die Items erfassen dabei Selbstbeschreibungen und werden auf vierstufigen Zustimmungsskalen bewertet. Die Durchführung und Auswertung ist mittels Manual standardisiert und die Interpretation der Ergebnisse erfolgt anhand von Normwerten.[70]

Die Objektivität entspricht aufgrund der Normierung und des Manuals der üblichen Persönlichkeitsverfahren. Die Reliabilität ist mit Werten zwischen $\alpha = .69$ bis $\alpha = .90$ ebenfalls zufriedenstellend und auch die Konstruktvalidität im Abgleich mit dem etablierten NEO-FFI (siehe Kapitel 3.2.1.2) ist hinreichend gegeben und zeigt plausible Beziehungen. Das ISK erfasst somit ein heterogenes Merkmalsbündel, welches sich zu einem Globalkonstrukt zusammenfassen lässt. Der Test stellt ein überzeugendes Verfahren dar und ist für eignungsdiagnostische Zwecke zur Messung allgemeiner sozialer Kompetenzen nützlich.[71]

---

68 Vgl. Höft; Schuler 2011, S. 167.
69 Vgl. Erpenbeck; von Rosenstiel 2007, S. 14.
70 Vgl. Schuler 2014, S. 194.
71 Vgl. Schuler 2014, S. 197.

3.2.2.3 Fragebogen zu Kompetenz- und Kontrollüberzeugungen (FKK)

Beim FKK handelt es sich um ein Verfahren zur Einschätzung der eigenen Steuerungsmöglichkeiten und Erfolgsaussichten. Theoretisch zugrunde liegt dem Fragebogen die Theorie der Selbstwirksamkeitserwartung von Bandura (1977), ergänzt um die soziale Lerntheorie von Rotter (1966). Aus der kognitiven Verhaltenstherapie ist dieses Verfahren als Therapiemethode bei psychischen Störungen bekannt. Neben der klinischen Psychologie findet das Verfahren aber auch immer mehr Zuspruch in der Organisationspsychologie. Der Fragebogen unterscheidet dabei drei Aspekte von Kontrollüberzeugungen. Die Internalität (Kontrolle durch eigene Fähigkeiten), die sozial bedingte Externalität (Kontrolle durch Fremde) und die fatalistische Externalität (Kontrolle durch Schicksal). Ergänzt um das Selbstkonzept eigener Fähigkeiten bildet das Verfahren vier Konstrukte, die mit 32 Items auf einer 6-stufigen Skala erfasst werden. Ein Manual standardisiert die Durchführung und ein Computerprogramm die Auswertung. Die Kennwerte zur Reliabilität belaufen sich auf Werte zwischen $\alpha = .58$ bis $\alpha = .93$. Publizierte Validitätsstudien konnten nicht gefunden werden, sodass der Einsatz des Verfahren nur unter Vorbehalt empfohlen wird. Anhand der erfassten Konstrukte ist der FKK für die Personalpsychologie dennoch interessant und bietet Zusammenhänge zum LMI (siehe Kapitel 3.2.3.1) und zum Neurotizismus (siehe Kapitel 3.2.1.2).[72]

3.2.3 Motivbasierte Tests

Aufgrund mangelnder Verfügbarkeit und geringer Konstruktvalidität fanden Motivtests in der Vergangenheit nur selten Anwendung in der Eignungsdiagnostik. Zudem bestehen Bedenken, ob die Tests mittels Fragebogen überhaupt die relevanten Konstrukte erfassen können oder ob die Motivstrukturen der Selbsteinschätzung zugänglich sind. Mittlerweile hat sich allerdings ein Wandel in der Auffassung vollzogen, da wissenschaftliche Bemühungen diese Verfahren verstärkt in den Fokus gestellt haben. In Bezug auf die Leistungsmotivation sollen die Konstrukte durch die Einbettung in verschiedene diagnostische Ansätze besser erfasst werden. So werden Motive als projektiver Ansatz erfasst und folgen der Annahme, dass nicht eindeutige Bildvorlagen unbewusste Motivstrukturen ansprechen sollen. Trotz hoher Resonanz blieben die empirischen Daten eher mangelhaft, was nicht zuletzt der hohen Gütevorgabe der Psychologie geschuldet ist. Durch „semi-projektive" Varianten, wie das Multi-Motiv-Gitter, welches in diesem Kapitel beschrieben wird,

---

[72] Vgl. Schuler 2014, S. 193.

sollen die Hindernisse überwunden werden. Ein weiterer Ansatz greift die Frage-bogenform auf, wie sie üblicherweise bei der Messung von Persönlichkeitsmerk-malen erfolgt. Dies folgt der Annahme, dass die Motivstrukturen dem bewussten Erleben zugänglich sind, da nicht explizit nach Motiven, sondern nach Gefühlen, Zielsetzungen und Verhaltensgewohnheiten gefragt wird.[73] Ein Vertreter dieses Ansatzes stellt das Leistungsmotivationsinventar dar, welches ebenfalls im Folgen-den beschrieben werden soll.

3.2.3.1 Leistungsmotivationsinventar (LMI)

Das LMI stellt ein differenziertes Verfahren zur Leistungsthematik im beruflichen Kontext dar und wurde 2001 von Schuler und Prochaska als Persönlichkeits-Struk-tur-Test veröffentlicht. Dabei wird die Leistungsthematik als ein zentraler und um-fangreicher Persönlichkeitsbereich gesehen. Auf der Basis vorliegender Theorien zur Leistungsmotivation sowie persönlichkeitstheoretischer Ansätze wurde das Instrument für den eignungsdiagnostischen Kontext entwickelt und ist somit das einzige wissenschaftlich fundierte Verfahren, dass diesen Bereich so detailliert er-fasst.[74] Das Inventar erfasst die Leistungsmotivation als Kompetenz einer genera-lisierten berufserfolgsrelevanten Verhaltensbereitschaft. Ziel des Inventars ist es alle Dimensionen berufsbezogener Leistungsmotivation zu repräsentieren und so-mit einen Test zur Verfügung zu stellen, der sowohl der persönlichkeitspsychologi-schen Forschung, als auch der praktischen Anwendung dient. Zahlreiche Bezüge zu anderen Persönlichkeitsmerkmalen betten die Leistungsmotivation als Ausrich-tung der Gesamtperson ein. Demnach ist zumindest ein Teil der Leistungsmotiva-tion durch Training veränderbar, da eine Differenzierung in Teilaspekte des Global-konstrukts Leistungsmotivation stattfindet.[75]

Nach einer Skalen- und Itemanalyse stehen in der finalen Version 17 Dimensionen zu je 10 Items zur Verfügung. Die Dimensionen sind: Leistungsstolz, Statusorien-tierung, Wettbewerbsorientierung, kompensatorische Anstrengung, Zielsetzung, Engagement, Flow, Selbstständigkeit, Flexibilität, Furchtlosigkeit, Dominanz, Er-folgszuversicht, Schwierigkeitspräferenz, Selbstkontrolle, Beharrlichkeit, Interna-lität und Lernbereitschaft. Dabei bilden die ersten sieben Dimensionen den Faktor

---

[73] Vgl. Schuler 2014, S. 197.
[74] Vgl. Hossiep; Mühlhaus 2015, S. 86.
[75] Vgl. Erpenbeck; von Rosenstiel 2007, S. 24.

Ehrgeiz, die nächsten sechs Dimensionen den Faktor Unabhängigkeit und die letzten drei Dimensionen den Faktor Aufgabenbezogene Motivation ab. Die Dimension Lernbereitschaft zählt zu allen drei Faktoren.[76]

Die 170 Items werden durch Ankreuzen auf einer 7-stufigen Skala hinsichtlich der Zustimmung bzw. Ablehnung beantwortet. Daneben existiert eine Kurzform mit insgesamt 30 Items. Die Beantwortungszeit ist mit 35 Minuten (10 Minuten bei der Kurzversion) ausgewiesen. Die interne Konsistenz ist mit Werten von $\alpha = .68$ bis $\alpha = .86$ für alle Dimensionen angegeben. Zudem liegen enge Beziehungen zu den Persönlichkeitsmaßen Neurotizismus und Gewissenhaftigkeit des NEO-FFI vor sowie Validitätsbeziehungen zu Teilverfahren eines Potenzialanalyseverfahrens in der Dienstleistungsbranche ($r = .40$).[77]

3.2.3.2 Das Multi-Motiv-Gitter (MMG)

Das MMG lässt sich zwischen einem Fragebogenverfahren und einem projektiven Deutungsverfahren einordnen. Die erfassten Motive werden dabei nicht als Kompetenz verstanden, sondern als Grund für Kompetenzerwerb, da die Motive das Verhalten auf bestimmte Ziele ausrichtet. Das MMG verfolgt das Ziel die motivationalen Anregungspotenziale der Arbeitssituation, die Motivstruktur und die zur Auswahl stehenden Ziele in eine Passung (Kongruenz) zu bringen, um motivationale Potenziale voll ausschöpfen zu können. So soll der MMG bei der Personalselektion angewandt werden, um bei hinreichender Kenntnis der Anregungspotenziale und der Ziele den am besten passenden Personenkreis zu identifizieren. Der Test soll die Persönlichkeitsstruktur ergänzen. Während Persönlichkeitsattribute, wie Gewissenhaftigkeit, erklären, wie sich eine Person verhält, soll das Motiv über das Warum des Verhaltens, also die Ursache, aufklären. Werden Motivstrukturen via Fragebogen erhoben, handelt es sich um selbst zugeschriebene explizite Motive. Bei projektiven Verfahren, bei denen die Messabsicht nicht unmittelbar bekannt ist, handelt es sich um die Erfassung von impliziten Motiven. Da beide Verfahren zu unterschiedlichen Ergebnissen führen und deren Korrelation nahe null liegt, messen sie jedoch unterschiedliche Aspekte. Mit dem MMG wird versucht dies zu vereinen, indem projektive Verfahren angewandt und um einen objektiven Auswerteschlüssel ergänzt werden.[78]

---

[76] Vgl. Schuler 2014, S. 199.

[77] Vgl. Schuler; Prochaska 2001a, S. 14.

[78] Vgl. Langens et al. 2007, S. 52.

Im MMG werden 14 Alltagssituationen bildlich dargestellt. Dabei wird zu jedem Bild ein Satz von Aussagen mit verschiedenen motivationalen Reaktionen dargeboten, anhand derer der Proband das Maß der Zustimmung abgibt. So werden Kennwerte für das Leistungs-, Macht- und Anschlussmotiv ermittelt. Die Testung kann mittels Paper/Pencil-Version oder computergestützt erfolgen. Die Durchführung wird mit 15 Minuten angegeben. Die interne Konsistenz liegt zwischen $\alpha = .61$ bis $\alpha = .72$.[79]

3.2.3.3 Bambeck-Competence-Instrument (BCI)

Das BCI ist ein psychometrischer Self-Report-Fragebogen, worin Persönlichkeitsmerkmale als berufsrelevante Verhaltens- und Handlungsdispositionen erfasst werden. Ziel des Fragebogens ist es, mittels Kompetenzklassen ein breites Bild von Persönlichkeitsmerkmalen zu generieren. Dabei weisen die Hauptkompetenzbereiche eine hohe Übereinstimmung mit dem NEO-FFI (vgl. Kapitel 3.2.1.2) auf und werden wie folgt benannt: ALPHA für Aktivität / Extraversion (1), BETA für Beziehung / Verträglichkeit (2), GAMMA für Gewissenhaftigkeit (3), DELTA für Dickhäutigkeit / Anti-Neurotizismus (4) und EPSILON für Effektivität / Offenheit (5). Die zusätzliche E-Komponente wurde dabei als VERBAL-Unterkomponente ausgegliedert. Jede Kompetenz enthält sechs Subkompetenzen. Insgesamt werden neben den daraus resultierenden 42 Faktoren (6 Haupt- und 36 Unterfaktoren) weitere 17 Zusatzfaktoren erfasst, wie z. B. ein Wert für die Richtung an Über- oder Unterschätzung und Erfassung der unbewussten Verfälschung oder die Erfassung der Verhaltenskonsistenz, sowie der Lernbereitschaft, des Selbstbewusstseins und verschiedener Selbst- und Realbilder. Weiter werden sieben Qualitätsindikatoren gemessen, wie z. B. ein Vergleichs-Check, ein Esoterik-Check, die Konsistenz der Antworten und die Antwortstreuung. Somit kommt der Fragebogen auf insgesamt 66 Items. Dabei soll die durchschnittliche Bearbeitungszeit bei ca. 35 Minuten liegen, wobei die individuellen Unterschiede eine hohe Spannbreite aufweisen, da die Instruktion des Tests keine spontanen, sondern detaillierte Antworten fordert und kein Zeitlimit gegeben ist. Zudem besteht die Möglichkeit einer Korrektur vorheriger Antworten, was die Messgenauigkeit und Validität erhöhen soll. Eine Vereinfachung bzw. Verschlankung des Tests wäre dementsprechend nur mit Leistungseinbußen realisierbar. Die Beantwortung der Items erfolgt auf einer fünfstufigen Skala, die den Grad der Zustimmung oder Ablehnung abbilden. Zusätzlich kann

---

[79] Vgl. Schmalt et al. 2000, o. S.

eine individuelle Normierung durch die Probanden vorgenommen werden, indem sie sich mit Referenzpopulationen vergleichen. Die Reliabilitäten liegen für die Hauptkomponenten zwischen $\alpha = .93$ bis $\alpha = .97$, sowie für die Unterfaktoren zwischen $\alpha = .78$ bis $\alpha = .96$.[80]

3.2.4 Typentests

Bereits im Altertum fanden sich erste Bestrebungen, Menschen nach ihren Eigenarten und Auffälligkeiten zu kategorisieren. Hippokrates leitete beispielsweise das Verhalten von Menschen auf ihre im Körper vorhandenen Flüssigkeiten ab. Waren diese nicht im Gleichgewicht, konnte davon ausgegangen werden, dass sich entsprechende Temperamenttypen bilden, wie Choleriker oder Melancholiker. Die Theorie von Ernst Kretschmar geht auf die Annahme zurück, dass sich psychische Erkrankungen auf den Körperbau einer Person auswirken.[81] Das Denken in Stereotypen kann ohne hohen geistigen Aufwand betrieben werden. Jedoch sind Menschen sehr komplex, weswegen typologische Ansätze heute lediglich aus wissenschaftshistorischem Interesse sind.[82] Dennoch beschäftigen sich noch verschiedene Tests mit der Typisierung von menschlichen Verhalten, welche im Folgenden vorgestellt werden.

3.2.4.1 persolog Persönlichkeits-Profil

Das persolog Persönlichkeits-Profil kann als begleitendes Instrument im Einstellungsprozess Verwendung finden und als Reflexionshilfe dienen, da das Profil des Bewerbers mit der Soll-Anforderung verglichen wird. Es misst vier Merkmale der Persönlichkeit, die mit dem Akronym DISG für Dominanz (1), Initiative (2), Stetigkeit (3) und Gewissenhaftigkeit (4) bezeichnet sind. Die theoretische Grundlage des Instruments bildet das von Marstons aus dem Jahr 1928 stammende Modell menschlicher emotionaler Reaktionen, dessen Ansatz die Wahrnehmung und Bewertung einer Person anhand ihres Umfeldes fokussiert. Somit handelt es sich um eine Methode zur Einschätzung situativer Verhaltenstendenzen. Der Testaufbau gliedert sich in 2 x 24 Itemgruppen. Das Antwortformat wird als choice-forced-for-

---

[80]   Vgl. Bambeck 2007, S. 3.
[81]   Vgl. Jung 2014, S. 23 ff.
[82]   Vgl. Kersting 2013, S. 27.

mat (ipsative Messung) beschrieben, in dem eine Zustimmung des eigenen Verhaltens „am ehesten" und die Ablehnung des eigene Empfindens „am wenigsten" beschreiben soll.[83,84]

Die Auswertung erfolgt mittels standardisierter Anleitung, welche dem Fragebogen beigefügt ist, ebenso wie Interpretationshinweise für den Nutzer.[85] Bezüglich der Reliabilität finden sich in der Literatur verschiedene Angaben. Während Erpenbeck und von Rosenstiel Reliabilitätswerte zwischen α = .87 bis α = .95 angeben,[86] erwähnen König und Marcus (2013), dass es zu Schwierigkeiten bei der Beurteilung der Reliabilität kam, da die meisten Daten mit einem anderen Antwortformat (Likert-Skalierung) erhoben wurden, jedoch bei Verwendung der gleichen Itemstämme. Demnach lassen sich die Antwortformate nicht verallgemeinern.[87,88]

3.2.4.2 Myers-Briggs Typenindikator (MBTI)

Der Myers-Briggs Typenindikator basiert auf Carl Gustav Jungs Theorie der psychologischen Typen. Jung ging davon aus, dass Neigungen und Vorlieben von Geburt an vorhanden sind und sich auf die psychischen Verläufe von Wahrnehmung und Beurteilung beziehen.[89] Eine gesunde psychische Entwicklung hänge demnach davon ab, ob diese Präferenzen im Laufe des Lebens gefördert und entwickelt werden.[90] Im Zuge ihrer Forschungsuntersuchung, ob sich Menschen im Verlauf ihrer Wahrnehmung zum Leben unterscheiden, nahmen Katharine Myers (1875-1968) und ihre Tochter Isabel Briggs Myers (1897-1980) die Theorie Jungs zur Differenzierung von Persönlichkeiten als Grundlage und entwickelten diese weiter. Somit entstand ein 16 Persönlichkeitstypen umfassendes Modell, welches durch eine Variation von 4 Buchstaben beschrieben werden kann.[91] Dabei unterscheidet der MBTI zwischen jeweils zwei Ausprägungen. Zum einen sind es die Beschreibungen zweier Einstellungsmerkmale und zum anderen zweier Funktionen. Die Einstel-

---

83   Vgl. Hossiep; Mühlhaus 2015, S. 104 ff.

84   Vgl. König; Marcus 2013, S. 305.

85   Vgl. Hossiep; Mühlhaus 2015, S. 108.

86   Vgl. Gay; Wittmann 2007, S. 638.

87   Vgl. König; Marcus 2013, S. 305.

88   Vgl. Hossiep; Mühlhaus 2015, S. 105.

89   Vgl. Lorenz; Oppitz 2006, S. 299.

90   Vgl. Hossiep et al. 2000, S. 125.

91   Vgl. Lorenz; Oppitz 2006, S. 300.

lungsmerkmale werden als Pole zu Extraversion (E) und Introversion (I) und zwischen einer beurteilenden (J) und einer wahrnehmenden (P) Herangehensweise beschrieben. Die Funktionen differenzieren hingegen zwischen einer sinnlichen (S) und intuitiven (N) Funktion sowie einer analytischen (T) oder gefühlsmäßigen (F) Wahrnehmung.

Um aus der englischen Testversion eine deutsche Übersetzung herzuleiten, wurden 290 Items vorgelegt, die mit möglichst großer Nähe zum originalsprachigen Item übersetzt wurden. Dabei haben kulturelle sowie sprachliche Differenzen Beachtung gefunden. Nach mehreren Itemanalysen wurde festgestellt, dass nur 90 der 290 Items zwischen den beiden Polen differenzieren und gleichzeitig mit nur einer der 4 Skalen korrelieren. Weitere Untersuchungen ergaben darüber hinaus, dass alle Items die höchste Ladung zum dazugehörigen Faktor auswiesen. Der Test wird im forced-Choice Format beantwortet, sodass darauf geachtet wurde, dass beide Alternativen gleichwertig sind. Zur Testauswertung werden Schablonen angeboten. Nach Testdurchführung werden die Rohwerte in korrigierte Werte mittels einfacher Rechenformel umgewandelt, wobei die unterschiedliche Anzahl der Items berücksichtigt wird, um anschließend den Vier-Buchstaben-Typen festzustellen. Die einzelnen Typen sollten jedoch nicht isoliert Betrachtung finden, sondern die sich aus dem Test ergebenden Dimensionen also Kombination thematisiert werden. Cronbach´s Alpha liegt bei den vier Dimensionen zwischen $\alpha = .86$ und $\alpha = .91$ und kann als durchaus zufriedenstellend betrachtet werden.[92]

3.2.4.3 INSIGHTS MDI® by Scheelen

Das INSIGHTS MDI®-Verfahren basiert auf den DISG- bzw. MBTI-Persönlichkeitsmodellen und stellt sich als eine Weiterentwicklung der Verfahren dar. Dieses basiert auf den Theorien von Carl G. Jung und ist ein System, welches 20 diagnostische Verfahren zur Bestimmung von Tendenzen bzgl. Verhalten und Werten beinhaltet.[93] Das INSIGHTS MDI® unterteilt, gemäß dem Modell nach Marston, in vier Farbtypen (Rot, Gelb, Grün, Blau) und in weitere acht Verhaltenstypen nach Jung, die wie folgt beschrieben werden: Direktor, Motivator, Inspirator, Berater, Unterstützer, Koordinator, Beobachter und Reformer. Diese Typen können in weitere 60 Mischtypen unterteilt und mit dem INSIGHTS MDI®-Rad dargestellt werden.[94]

---

[92] Vgl. Hossiep et al. 2000, S. 125 ff.
[93] Vgl. Euteneier; Scheelen 2006, S. 240.
[94] Vgl. Euteneier; Scheelen 2006, S. 244 f.

Das Verfahren orientiert sich an zwei wesentlichen Verhaltensstilen. Zum einen wird der Basisstil, zum anderen der adaptierte Stil abgebildet. Der Basisstil wird als natürliches Verhalten, ohne äußere Einflussnahme, verstanden. Der adaptierte Stil hingegen beschreibt ein Verhalten, was in einem definierten, bspw. einem beruflichen Umfeld, wiederzufinden ist. Das Testverfahren beschränkt sich ausschließlich auf die Verhaltensmerkmale, die für den beruflichen Zweck sinnvoll sind. So kann mit diesem Verfahren überprüft werden, über welche Kompetenzen eine Person verfügt und diese den Anforderungen gegenüberstellen. Daraus ergibt sich, dass der INSIGHTS MDI® als Entscheidungshilfe in der Personalauswahl, der Stellenbesetzung und der Arbeitsplatzdefinition dienen kann. Der Test wird als PC-gestützter Fragebogen sowie als Internetversion angeboten. Der Aufbau des Fragebogens wird durch Eigenschaftsbeschreibungen in Vierergruppen dargestellt. Die Durchführung steht in Abhängigkeit zu dem gewählten Test und erstreckt sich auf eine Dauer von bis zu 45 Minuten. Die Auswertung erfolgt durch eine Software, die gleichzeitig den Report generiert. Dieser kann, je nach durchgeführtem Verfahren, 10 bis 30 Seiten umfassen. Im Gegensatz zu anderen Testverfahren wird nicht deutlich, über wie viele Items ein Test, der für die Personalauswahl dienlich ist, verfügt. Lediglich wird eine Validität von $\alpha = .42$ genannt, die in einer Untersuchung von N = 132, in Kooperation mit einem Finanzdienstleister, gemessen wurde.[95] Somit muss auch die Normierung kritisch hinterfragt werden.

3.2.4.4 ASSESS Kompetenzanalyse®

Die ASSESS Kompetenzanalyse® beinhaltet einen Fragebogen zu Selbsteinschätzung als Kompetenzmessinstrument. Die Entwicklung erfolgte ausschließlich faktorenanalytisch, d. h. die Items wurden anhand ihrer Ladung auf Faktoren zugeordnet. Ein theoretisches Konstrukt liegt dem Testverfahren nicht zugrunde. Der Test soll die Persönlichkeit hinsichtlich einer bestimmten Position und Eignung bewerten. Dabei erfasst der Test 24 Persönlichkeitsdimensionen, die den Bereichen Denkstil (1), Arbeitsstil (2) und Beziehungsstil (3) zugeordnet werden. Insgesamt besteht der Fragebogen aus 350 Items und die Bearbeitungszeit wird mit 35 bis 45 Minuten angegeben. Die Reliabilität liegt zwischen $\alpha = .72$ bis $\alpha = .84$. Da der Entwickler des Verfahrens zugleich den INSIGHTS MDI® (vgl. Kapitel 3.2.4.3) entwickelt hat, wird ein kombiniertes Verfahren zur Nutzenmaximierung empfohlen.[96]

---

95 Vgl. Euteneier; Scheelen 2006, S. 245 ff.

96 Vgl. Euteneier; Scheelen 2007, S. 622.

4 Stand der Forschung

Um die vorliegende Arbeit thematisch einzubetten und sich der Forschungsfrage weiter zu nähern, folgt zunächst ein Überblick der aktuellen Forschung zum Thema Persönlichkeitstests im Assessment Center. Diverse Autoren (Funk et al. 2015; Hossiep, Mühlhaus 2015) sehen eine große Lücke zwischen Wissenschaft und Praxis und nehmen die Personalverantwortlichen in die Pflicht, eine fundierte Befähigung zur Bewertung von Persönlichkeitstests zu erlangen.[97] Diese Kluft zwischen Wissenschaft und Praxis wurde von Funk et al. genauer untersucht. Sie ließen Personalverantwortliche und Studierende der Psychologie die prognostische Güte, also den Vorhersagewert, bestimmter Personalauswahlverfahren schätzen und verglichen diese Werte, da sie in den Studierenden eine wichtige Kommunikationsschnittstelle zu den Unternehmen sehen, um die Kluft zu überwinden. Bei den Persönlichkeitstests fiel die Diskrepanz zwischen geschätztem und tatsächlichem Validitätsrang am höchsten aus. Die Verfahren wurden von beiden Testgruppen deutlich überschätzt.[98] Neben der Fehleinschätzung von Validitäten, sieht Kersting weitere Faktoren für die Diskrepanz von Wissenschaft und Praxis. Seiner Ansicht nach greifen viele Unternehmen auf wenig valide Persönlichkeitstests zurück, weil sie schlicht mit Tricks gelockt werden. So werben die Anbieter mit neuer Hirnforschung und namhaften Unternehmen als Kunden. Hinzu kommen so allgemeine und vage formulierte Aussagen, dass sich beinahe jede Person darin wiederfinden muss, ähnlich wie in der Astrologie. Ernsthafte Verfahren erleiden hingegen einen Akzeptanznachteil, da sie konkrete Aussagen treffen und ein korrekteres Ergebnis erzielen, die nicht immer den Vorstellungen entsprechen müssen.[99]

Zu den bekanntesten und validesten Persönlichkeitstests gehören der BIP (vgl. Kapitel 3.2.1.3) und der NEO-FFI (vgl. Kapitel 3.2.1.2). Die Vorhersage des beruflichen Erfolgs mittels beider Inventare konnten Hülsheger et al. replizieren.[100] Auch Benit und Soellner resümierten anhand verschiedener Metaanalysen die statistisch bedeutsame Vorhersage beruflicher Leistung durch valide Persönlichkeitstests. Diese können vor allem in Kombination mehrerer Auswahlverfahren einen Mehrwert

---

[97] Vgl. Hossiep; Mühlhaus 2015, S. 128.

[98] Vgl. Funk et al. 2015, S. 26 ff.

[99] Vgl. Kersting 2014, S. 2.

[100] Vgl. Hülsheger et al. 2006, S. 135 ff.

leisten. Eine Befragung von Personalverantwortlichen belegte allerdings bei Persönlichkeitstests die größte Unsicherheit. Gerade eine intransparente Testqualität, die Bewerberakzeptanz und ethische Bedenken führen häufig zur Erschwerung der Implementierung solcher Verfahren. Eine nicht nachvollziehbare Testqualität erhöht die Wahrscheinlichkeit einen Persönlichkeitstest nicht einzusetzen um das 5,5-Fache. So sehen auch diese Autoren die Schlussfolgerung darin, dass Unternehmen häufig einfach beworbene Typentests anwenden.[101] Die originäre Höhe der Validität von Persönlichkeitseigenschaften sollte allerdings nicht alleiniges Kriterium sein. Insbesondere die inkrementelle Validität eines Verfahrens gilt es zu berücksichtigen, da Persönlichkeitstests in Kombination mit anderen eignungsdiagnostischen Verfahren erfolgen. Auch hier zeigen Studien, dass die Persönlichkeit inkrementell zur Vorhersage beruflicher Leistung beiträgt. So fanden sich Zusammenhänge der Dimensionen des NEO-FFI mit extrinsischem Berufserfolg. Die Dimension Neurotizismus erwies sich als Persönlichkeitseigenschaft zur validen Vorhersage von Besoldung und Beförderung. Auch der Integrity Test ist valide in der Vorhersage von beruflicher Leistung. Dabei bleibt die Kriteriumsvalidität auch unter realen Bewerbungsbedingungen erhalten. Für den LMI konnten Zusammenhänge mit berufsbezogenen Kriterien ermittelt werden. So steht die Dimension Lernbereitschaft mit dem Bildungsniveau und die Dimension Engagement mit der Arbeitszeit im Zusammenhang. Für den 16 PF fanden sich signifikante Zusammenhänge zwischen Belastbarkeit und Selbstvertrauen und ein negativer Zusammenhang zwischen Extraversion und Verwaltungskompetenz. Für das BIP existieren Zusammenhänge zwischen Führungsmotivation und Durchsetzungsstärke mit beruflichem Entgelt, der hierarchischen Position und Erfolg.[102]

Insgesamt zeigt die Forschung bei Persönlichkeitstests von Fachverlagen eine in sich akzeptable Güte und mehrere relevante Zusammenhänge zu beruflichen Kriterien. Sie dienen entsprechend zur Vorhersage beruflicher Leistung. Während sich vor allem Typentests einer hohen Nachfrage erfreuen, können sie in der Regel jedoch keiner wissenschaftlichen Überprüfung standhalten.

---

[101] Vgl. Benit; Soellner 2013, S. 145 ff.
[102] Vgl. Hülsheger; Maier 2008, S. 108 ff.

5 Handlungshilfe

Im folgenden Kapitel werden nun, in Anlehnung an die Empfehlung des Testbeurteilungssystem des Testkuratoriums der Föderation Deutscher Psychologenvereinigungen (TBS-TK) in der revidierte Fassung vom 2009, die voran beschriebenen Persönlichkeitstest anhand der Qualitätskriterien verglichen und in einer Entscheidungsmatrix dargestellt. Zum anderen wird in diesem Kapitel erläutert, welche rechtlichen Rahmenbedingungen beim Einsatz von Persönlichkeitstest im Auswahlverfahren beachtet werden müssen.

5.1 Kriterien

Das Testbeurteilungssystem des Testkuratoriums der Föderation Deutscher Psychologenvereinigungen legte in der revidierten Fassung von 2009 Beurteilungskategorien für Rezensenten vor, anhand dessen Qualitätsmerkmale von psychologischen Test bewertet werden können.[103] In diesem Kapitel wird sich dieser Qualitätskriterien bedient und beschrieben, was unter den verschiedenen Qualitätsmerkmalen zu verstehen ist.

5.1.1 Ökonomische Aspekte

Bei den in der psychologischen Berufseignungsdiagnostik zur Verfügung gestellten Verfahren scheint die Validität die geringste Aufmerksamkeit zu erhalten. Gesichtspunkte wie Effizienz, Praktikabilität, zeitliche Aspekte und die erforderliche Kompetenz stehen hier im Vordergrund der Fragestellung. Ebenso scheint der Einsatz von personalpsychologischen Verfahren nicht als Investition, sondern als Kostenfaktor verstanden zu werden.[104] Nach Döring und Bortz werden sieben Nebengütekriterien bei der Verwendung von psychologischen Tests genannt, wie beispielsweise Normierung, Zumutbarkeit, Nicht-Verfälschbarkeit usw. Im Fokus steht zunächst das Nebengütekriterium „Testökonomie" um der betriebswirtschaftlichen Sichtweise gerecht zu werden. Ein Test wird als ökonomisch erachtet, wenn er in Relation zum Erkenntnisgewinn steht. Dies bedeutet, dass die Durchführungszeit kurz sowie die Handhabung einfach ist und die Auswertung mit geringem Aufwand bewältigt werden kann. Ebenso werden als Kriterium der Verbrauch von Testma-

---

[103] Vgl. Testkuratorium 2010, S. 52 ff.
[104] Vgl. Schuler 2014, S. 358.

terial sowie die Durchführung von Gruppentests genannt. Dem Anhang A ist zu entnehmen, welche ökonomischen Aspekte die einzelnen Testverfahren vereinen, was zu einer Erleichterung der Auswahl eines psychologischen Tests dienen kann.

5.1.2 Wissenschaftlichkeit

Als weiteres zentrales Kriterium folgt die Betrachtung der Wissenschaftlichkeit der Persönlichkeitstests. Darunter werden in dieser Arbeit die Hauptgütekriterien psychologischer Testverfahren verstanden und operationalisiert. Die Qualität einzelner Testverfahren hängt dabei wesentlich damit zusammen, wie hoch die Güte in Objektivität, Reliabilität und Validität ist. Die Objektivität gibt an, inwieweit die Durchführung, Auswertung und Interpretation unabhängig vom Testleiter und von Einflüssen außerhalb der Person ist. Durch die Standardisierung der Bedingungen bei der Durchführung und Auswertung sowie durch Interpretationshilfen kann ein hoher Grad an Objektivität erreicht werden. Bei computergestützten Verfahren und einem gut beschriebenen Manual wird dieses Gütekriterium in aller Regel erfüllt. Unter dem zweiten Gütekriterium Reliabilität wird der Grad der Genauigkeit verstanden. Ausschlaggebend ist vor allem die Reproduzierbarkeit von Testergebnissen. Auch bei wiederholter Anwendung sollten die gleichen Ergebnisse erzielt werden. Als Methode zur Berechnung der Reliabilität stehen verschiedene Möglichkeiten zur Verfügung. Mittels Paralleltest, eines Test-Retest-Designs, der Testhalbierung sowie mittels einer Konsistenzanalyse, welche meistens anhand der internen Konsistenz mit Cronbach's Alpha errechnet wird.

Neben der Reliabilität ist die Validität das wichtigste Gütekriterium einer Messung. Die Validität gibt die Gültigkeit an, beschreibt also inwieweit ein Testverfahren das misst, was es messen soll. Je weniger systematische Fehler in der Messung liegen, desto valider ist ein Instrument. Zur Messung werden drei Formen der Validität unterschieden. Die Inhaltsvalidität (1) bezieht sich darauf, möglichst alle Aspekte eines Konstruktes zu messen. Wichtig dafür ist eine theoretische Fundierung, woraus die zu messenden Konstrukte operationalisiert werden. Die Kriteriumsvalidität (2) bezieht sich hingegen auf den Zusammenhang zwischen den gemessenen Ergebnissen und einem Außenkriterium. So kann beispielsweise die prognostische Validität eines Tests angeben, wie gut die spätere berufliche Leistung sein wird. Die Konstruktvalidität (3) eines Instrumentes liegt vor, wenn der Test theoretische Vorstellungen in Bezug auf die Messabsicht erfüllt. Dies gelingt nur bei genauer Definition des Konstruktes sowie der Formulierung von Verhaltenserwartungen. Die

Konstruktvalidierung wird meistens mittels einer Faktorenanalyse oder mit einer Multitrait-Multimethod-Matrix durchgeführt.

Aus der Beschreibung der Hauptgütekriterien wird deutlich, dass an psychologische Tests, und somit auch an Persönlichkeitstests, hohe Anforderungen gestellt werden. Die Gütekriterien können entsprechend dem Benutzer (durchführende Person) garantieren, dass es sich um ein wissenschaftlich vertretbares Verfahren handelt, und dem Bewerber versichern, dass er objektiv und angemessen betrachtet wird. Nur aus Verfahren, welche die beschriebenen Gütekriterien erfüllen, lassen sich verständliche und korrekte Interpretationen ableiten. Die Darstellung der Güte der Persönlichkeitstests im Anhang B soll dazu dienen, dass der Anwender den exakten Grad der Güte eines Testverfahrens beurteilen kann.

5.1.3 Informationsgehalt

Damit eine sinnvolle Auswahl eines Persönlichkeitstests gelingt, ist es umso bedeutsamer Testverfahren auf ihren Informationsgehalt hin zu überprüfen. Dabei sollten insbesondere Informationen über Verfahrens- und Handhabungshinweise, Zielsetzung des Verfahrens sowie empirische Belege, wie theoretische Grundlage der Testkonstruktion, Gütekriterien, wie Objektivität, Validität und Reliabilität, sowie die Normierung jedem zugänglich sein. Oftmals liegen diese Informationen jedoch nicht vor. Dies ist dann er Fall, wenn die Informationen erst nach dem Besuch eines kostenintensiven Seminars, oft als Zertifizierung beworben, geteilt oder weiterhin als Betriebsgeheimnis verschleiert werden. Für die Qualitätsbeurteilung eines Testverfahrens kann dies als Indiz gewertet werden, dass es sich um einen unseriösen Testanbieter handelt.[105] Für die Entscheidungsmatrix wurde sich insbesondere im Abschnitt Informationsgehalt auf die Zugänglichkeit dieser Informationen fokussiert. Die Informationen können über seriöse Testverlage oder die Vertriebsgesellschaft der einzelnen Tests bezogen werden.

Als positiv zu bewerten sind vor allem die Testverfahren, bei denen ein vollständiger Einblick in die Informationen möglich war. Neutral hingegen werden solche Tests bewertet, bei denen nicht alle Kriterien hinlänglich bekannt und veröffentlicht sind, jedoch noch insgesamt Aufschluss über das Verfahren bieten. Als nichterfüllt werden jene Testverfahren bewertet, bei denen relevante Informationen erst nach einer Zertifizierung zugänglich gemacht werden, gar nicht zu evaluieren

---

[105] Vgl. Kersting 2014, o. S.

sind oder solch grobe Mängel in der Informationsbeschreibung darlegen, dass eine zuverlässige Entscheidung nicht möglich ist.

5.1.4 Breite und Tiefe der Messung

Als nächstes Kriterium zur Auswahl von Persönlichkeitstests wird die Breite und Tiefe der Messung bzw. der erhobenen Daten beschrieben. Psychologische Testverfahren und somit auch Persönlichkeitstests lassen sich unter anderem nach ihrer Anzahl der zu erfassenden Persönlichkeitsmerkmale klassifizieren. Eine Unterscheidung kann anhand eindimensionaler und mehrdimensionaler Tests vorgenommen werden. Demnach unterscheiden sich die Testverfahren darin, ob sie eine einzelne Persönlichkeitseigenschaft in ihren gesamten Facetten betrachtet, oder ob anhand des Tests versucht wird ein umfassendes Gesamtbild der Persönlichkeit zu erheben.[106]

Bezüglich der Anzahl der Eigenschaften eines Menschen hat sich die Big-Five-Systematik als Referenzmodell durchgesetzt (vgl. Kapitel 3.2.1.2). Eine Gruppierung in eine höhere Ordnung zu Stabilität und Plastizität konnte empirisch belegt werden. Einige Ansätze gehen sogar von nur einem „Superfaktor der Persönlichkeit" aus. Allerdings wird im Rahmen der Personalauswahl normalerweise keine globale Lösung gesucht, sondern nach Persönlichkeitsmerkmalen, die sich in den betrieblichen Anforderungen wiederfinden. So ist das angemessene Differenzierungsniveau in der Eignungsdiagnostik die Ebene der Big Five oder der darunter liegenden Facetten.[107] Da die Persönlichkeit hierarchisch strukturiert ist, unterliegen den fünf globalen Persönlichkeitsdimensionen jeweils spezifische Facetten. Diese beschreiben einen engeren Bereich interindividueller Unterschiede. Ob die Betrachtung der fünf globalen Persönlichkeitsdimensionen oder der darunterliegenden Facetten eher zur Vorhersage beruflicher Leistung zweckmäßig sind, wird im sogenannten Begriff „Bandbreiten-Vertrauens-Dilemma" diskutiert. Einige Vertreter empfehlen zur Vorhersage von breiten Kriteriumsvariablen, wie die der Arbeitsleistung, auch die Messung von breiten Persönlichkeitsdimensionen, während andere Vertreter die Messung von spezifischen Persönlichkeitsfacetten präferieren. Die Höhe der prognostischen Validität fällt bei Persönlichkeitsfacetten für verschiedene Leistungskriterien allerdings unterschiedlich aus. Die Verwendung in der Personalauswahl bedarf also einer genauen Abstimmung zwischen Prädiktor und Merkmal.

---

[106] Vgl. von Rosenstiel; Nerdinger 2011, S. 174.
[107] Vgl. Schuler 2014, S. 108.

Während Schuler die Ebene ab Big Five abwärts als angemessen erachtet, betrachten Hülsheger und Maier die aufbauende Struktur der Persönlichkeit auf einer höheren Ebene der Big Five. Diese zusammengesetzten Dimensionen werden als „compound traits" bezeichnet. Diese werden häufig in kriteriumsbezogenen Testverfahren erfasst, den COPS (Criterion-Focused Occupational Personality Scales). Klassische Vertreter dieser Testverfahren sind die Integrity-Tests (vgl. Kapitel 3.2.2.1), dessen Vorhersage beruflicher Leistung teilweise höher ist, als die der Big Five.[108]

Eine weitere Unterscheidung hinsichtlich der Breite und Tiefe der Messung von Persönlichkeitstests bieten Bimmler und Kollegen. Sie unterteilen die Persönlichkeitstests in vergleichende Testverfahren (1) und typenbildende Testverfahren (2). Zu den vergleichenden Testverfahren werden stark differenzierte Persönlichkeits-Struktur-Tests, wie der 16 PF oder der BIP, gezählt. Hierbei wird ein standardisiertes Ergebnis generiert. Typenbildende Verfahren, wie der MBTI oder Persolog, bündeln hingegen die Dimensionen der Persönlichkeit und bilden daraus „Personentypen". Diese Bündelung ist bezüglich der Ebene zwar ebenfalls über die Big Five angesiedelt, aber nicht zu verwechseln mit den o. g. COPS, da die Bündelung weder faktorenanalytisch vorgenommen wurde, noch Validitätskennzahlen dazu vorliegen. Eine Referenzgruppe wird bei diesen Verfahren nicht gebildet, was die Interpretation der Ergebnisse ebenfalls deutlich erschwert.[109]

Insgesamt können die Persönlichkeitstests eine große Bandbreite der Messung abdecken. Von leicht verständlichen und eher unwissenschaftlichen Typologien bis hin zu ausdifferenzierten und empirisch gut erforschten Facetten der Persönlichkeit. Die Auswahl des passenden Tests richtet sich dabei nach den betrieblichen Erfordernissen und der Zielposition.

5.1.5 Normierung

Das nächste Kriterium zur Auswahl von Persönlichkeitstests stellt die Normierung dar. Anhand einer oder mehrerer Normstichproben besteht die Möglichkeit, die Testergebnisse eines Teilnehmers in einen Vergleich zu setzen und einzuordnen. So kann nicht nur ermittelt werden, welche Person am besten oder schlechtesten

---

[108] Vgl. Hülsheger; Maier 2008, S. 110.
[109] Vgl. Bimmler et al. 2010, S. 8.

abgeschnitten hat, sondern auch, ob die Resultate der Teilnehmer dem Durchschnitt der Gesamtgruppe entsprechen bzw. darüber oder darunter liegen. Typischerweise werden solche Bezugssysteme bereits während der Testkonstruktion angelegt. Dieser Vorgang wird als Eichung bezeichnet. Dabei werden Personengruppen definiert, an denen das Testverfahren angewandt werden soll. Aus dieser Personengruppe wird eine repräsentative Stichprobe gezogen und der Test in standardisierter Form angewandt. Daraus können Normwerte für die Bezugsgruppe aufgestellt werden.[110] Wichtig ist es, dass die Werte der Normstichprobe aktuell sind. Demgemäß sollten die Eichwerte alle acht Jahre überprüft werden. Durch die Verbreitung der Testverfahren ist nicht auszuschließen, dass Ergebnisse bekannt werden (v. a. im Internet) und somit die Aussagekraft eines Ergebnisses abnimmt und einst gute Werte nunmehr als durchschnittlich einzustufen sind.[111]

Die in dieser Arbeit vorgestellten Persönlichkeitstests werden somit auch anhand ihrer Normierung bewertet. Dabei wurde neben der Größe und Breite der Normstichprobe auch auf die Aktualität der letzten bzw. regelmäßigen Normierung geachtet. So erreicht ein Testverfahren eine gute Bewertung (++), wenn eine hinreichend aktuelle und repräsentative Normstichprobe vorliegt und somit ein Vergleich der Testergebnisse in Bezug auf unterschiedliche Populationen gegeben ist. Liegt keine Normierung eines Testverfahrens vor, wird der Persönlichkeitstest bezüglich dieses Kriteriums als schlecht eingestuft (--).

5.2 Rechtliche Rahmenbedingungen

Die Persönlichkeit eines Bewerbers ist in besonderer Weise zu achten. Daraus ergibt sich, dass der Einsatz von Testverfahren nur so lange ohne rechtliche Konsequenzen durchgeführt werden kann, wenn dieser nicht gegen das Allgemeine Persönlichkeitsrechts verstößt. Denn beim Einsatz, jedoch spätestens bei der Auswertung der Ergebnisse, liegt ein erster Eingriff in das Persönlichkeitsrecht vor. Es ist jedoch dann gerechtfertigt, wenn der Bewerber seine Einwilligung zur Erhebung und Verarbeitung dieser Daten gegeben hat. Als Einwilligung wird die Teilnahme am Verfahren oder schlüssiges Verhalten verstanden. Damit der Bewerber seine Einwilligung am Verfahren abgeben kann, ist es notwendig, dass dieser über die

---

[110] Vgl. Blickle 2014, S. 254.
[111] Vgl. Moosbrugger; Rauch 2010, S. 183.

Art und Weise des Verfahrens informiert und ihm die Bedeutung der Testergebnisse für die Personalarbeit erläutert wurde. Neben diesen Rahmenbedingungen ist anzumerken, dass nur solche Testverfahren Anwendung finden dürfen, die relevante arbeitsplatzbezogene Merkmale erfassen und deren Zuverlässigkeit mit wissenschaftlichen Methoden nachgewiesen wurde.[112] Dies führt wiederum dazu, dass die im Kapitel 3.2.4 beschriebenen Typentests in ihrer Anwendung zu hinterfragen sind. Zum Schutz der Bewerber dürfen dem Arbeitgeber daher nicht die gesamten Untersuchungsmaterialien ausgehändigt werden. Lediglich das Eignungsurteil sowie ein Gutachten, wobei die Rechtsprechung nicht eindeutig formuliert, ob es sich um ein Lang- oder Kurzgutachten handelt, dürfen zur Verfügung gestellt werden.[113]

Zudem stellt sich immer dann, wenn personenbezogene Daten erhoben werden, die Frage nach dem Datenschutz. Grundsätzlich regelt § 26 (1) S. 1 des Bundesdatenschutzgesetzes-neu (BDSG-neu), wie in solchen Fällen zu Verfahren ist:

> „Personenbezogene Daten von Beschäftigten dürfen für Zwecke des Beschäftigungsverhältnisses verarbeitet werden, wenn dies für die Entscheidung über die Begründung eines Beschäftigungsverhältnisses oder nach Begründung des Beschäftigungsverhältnisses für dessen Durchführung oder Beendigung oder zur Ausübung oder Erfüllung der sich aus einem Gesetz oder einem Tarifvertrag, einer Betriebs- oder Dienstvereinbarung (Kollektivvereinbarung) ergebenden Rechte und Pflichten der Interessenvertretung der Beschäftigten erforderlich ist."[114]

Was nicht explizit im Bundesdatenschutzgesetz geregelt ist, ist die Formulierung der Aufbewahrungsfrist für personenbezogene Daten, die im Rahmen eines Auswahlverfahrens erhoben wurden. An dieser Stelle kann § 15 (4) des Allgemeinen Gleichbehandlungsgesetzes (AGG) greifen. Dieser besagt, dass Ansprüche, die sich aus diesem Gesetz ergeben, innerhalb von zwei Monaten geltend gemacht werden können.[115] Dies ist beispielsweise dann der Fall, wenn ein abgelehnter Bewerber Ansprüche aufgrund von Diskriminierung im Bewerbungsprozess geltend machen möchte. Als Richtwert wird jedoch eine Aufbewahrungsdauer von sechs Monaten avisiert.[116]

---

[112] Vgl. Hossiep; Mühlhaus 2015, S. 115 f.
[113] Vgl. Hossiep; Mühlhaus 2015, S. 115 f.
[114] § 26 (1) S. 1 BDSG-neu.
[115] Vgl. § 15 (4) AGG.
[116] Vgl. Becker 2013, o. S.

Neben den ohnehin gesetzlichen Regelungen sollte auch die Einbindung des Betriebsrats, oder der entsprechenden Personalvertretung, Beachtung finden. In privatwirtschaftlichen Unternehmen unterliegt beispielsweise dem Betriebsrat das Mitbestimmungsrecht über Personalentscheidungen und den entsprechenden Richtlinien zu Personalauswahl (geregelt in §§ 94, 95 Betriebsverfassungsgesetz, BetrVG). Hier ist im Einzelfall zu klären, ob berufsbezogene Eignungsbeurteilungen (hier: Persönlichkeitstests) im Sinne des § 94 BetrVG als Fragebögen zu werten sind.[117]

5.3 Entscheidungsmatrix

Die im vorherigen Abschnitt erläuterten Kriterien werden nun grafisch in einer Entscheidungsmatrix dargestellt. Dies soll dem künftigen Anwender eine schnelle und einfach strukturierte Hilfe sein und ihm zu einer rationalen Entscheidung befähigen. Anhand der Entscheidungsmatrix können somit die Übereinstimmungen mit den betrieblichen Anforderungen abgeglichen und ein passendes Testverfahren ausgewählt werden. Diese „Rationalitätspostulate" entstehen durch die Bildung von Präferenzen. Durch die Strukturierung und Modellierung der Testverfahren anhand ausgewählter Kriterien, kann das Auswahlproblem besser verstanden und die Rationalität erhöht werden. Die Ausprägung und Abstufung der einzelnen Kriterien zwingen den Anwender zur klaren und genauen Formulierung seiner Ziele, ohne dass das Bauchgefühl im Vordergrund steht. Der Auswahlprozess kann somit visuell dargestellt werden und ist für andere leicht nachvollziehbar.[118]

---

[117] Vgl. Hossiep; Mühlhaus 2015, S. 18.
[118] Vgl. Eisenführ et al. 2010, S. 40.

Legende: ++ voll erfüllt | + weitgehend erfüllt | 0 teils/teils| - weitgehend nicht erfüllt | -- nicht erfüllt | * pro Person |

k. A. = keine Angabe

Kriterium / Test		16 PF	NEO-FFI	BIP	BCI	Integrity Test / IBES	ISK	FKK
Preis*		30 € PP / 25 € online	8 € PP / 13 € online	53 € PP / 72 € online	k. A.	24 € PP / 9 € online	13 € PP / 10 € online	25 € PP / 10 € online
Dauer		45 Min.	10 Min.	30 - 40 Min.	35 Min.	25 Min.	20 Min.	10-20 Min.
Qualifika-tion		Zertifizie-rung erfor-derlich	optional	Zur Interpre-tation sinn-voll	optional	optional	optional	k. A.
Auswer-tung		Schablone o. elektronisch	Schablone o. elektronisch	Schablone o. elektronisch	Schablone o. elektronisch	Schablone o. elektronisch	Schablone o. elektronisch	Schablone o. elektronisch
Gruppe	Ökonomie	Ja	Nein	Ja	Ja	Nein	Ja	Ja
Einzel	Ökonomie	Ja	Ja	Ja	Ja	Ja	Ja	Ja
Computer / Online	Ökonomie	Ja	Ja	Ja	Ja	Ja	Ja	Ja
Paper / Pencil(PP)	Ökonomie	Ja	Ja	Ja	Ja	Ja	Ja	Ja
Objektivi-tät		++	+	++	++	+	+	++
Reliabilität	Güte	+	++	+	++	0	+	+
Validität	Güte	++	++	++	++	++	++	+

Kriterium / Test		16 PF	NEO-FFI	BIP	BCI	Integrity Test / IBES	ISK	FKK
Informati-onen		++	++	++	0	+	++	0
Facette	Breite/Tiefe	Ja	Nein	Ja	Ja	Nein	Nein	Ja
Dimension		Ja	Ja	Ja	Ja	Ja	Ja	Ja
Typologie / COPS		Nein	Nein	Nein	Ja	Ja	Nein	Nein
Normie-rung		++	++	++	++	+	++	k. A.

Tabelle 2: Entscheidungsmatrix

Kriterium / Test	LMI	MMG	Persolog	MBTI	Insights MDI	ASSESS
Preis*	20 € PP / 13 € online	55 € PP	26 € PP / 25-100 € nach Umfang	k. A.	k. A.	9 € PP / 11 € online
Dauer	30-40 Min.	15 Min.	10-5 Min.	10-20 Min.	12 Min.	35-45 Min.
Qualifikation	Zertifizierung erforderlich	psychologisches Wissen	Lizenzierte Trainer	Lizenzierte Trainer	Autorisierung-lehrgang (3 Tage)	Akkreditierungsschulung (3 Tage)
Auswertung	Schablone o. elektronisch	Schablone	Selbstauswertung durch Teilnehmer	Schablone	Selbstauswertung oder elektronisch	Schablone o. elektronisch
Gruppe (Ökonomie)	Ja	Ja	Nein	Ja	Ja	Ja
Einzel (Ökonomie)	Ja	Ja	Ja	Ja	Ja	Ja
Computer/Online (Ökonomie)	Ja	Nein	Ja	Nein	Ja	Ja
Paper/Pencil(PP) (Ökonomie)	Ja	Ja	Ja	Ja	Ja	Ja
Objektivität (Güte)	++	+	-	-	--	++
Reliabilität (Güte)	+	+	++	0	--	k. A.
Validität (Güte)	+	0	--	--	--	k. A.
Informationen (Güte)	+	++	-	-	--	0

Kriterium / Test		LMI	MMG	Persolog	MBTI	Insights MDI	ASSESS
Facette	Breite/Tiefe	Nein	Nein	Nein	Nein	Nein	Nein
Dimension		Ja	Ja	Nein	Nein	Nein	Ja
Typolo-gie/COPS		Nein	Nein	Ja	Ja	Ja	Nein
Normierung		++	++	+	k. A.	k. A.	+

6 Fazit und Ausblick

In der berufsbezogenen Eignungsdiagnostik ist das Assessment Center das am häufigsten eingesetzte Verfahren. Mit der Multimodalität bietet es einen breiteren Anwendungsansatz als isolierte Verfahren und erhöht die prognostische Güte.[119] Der ergänzende Einsatz von Persönlichkeitstests kann die Validität des Gesamtprozesses weiter steigern und zu einer verbesserten Treffsicherheit bei der Personalauswahl führen. Zudem erlauben diese Testverfahren eine Objektivierung der Eindrücke von Kandidaten und können so Entscheidungsheuristiken entgegenwirken.[120] Um den Personal- und Entscheidungsverantwortlichen eine breite Auswahl von Persönlichkeitstests zu ermöglichen, wurden in dieser Arbeit 13 Testverfahren vorgestellt und in der Anwendung beschrieben. Anschließend wurden die Verfahren anhand eines Kriterienkataloges bewertet und bieten so eine übersichtliche Hilfestellung zur Auswahl von Testverfahren, die den betrieblichen Anforderungen am besten entsprechen. Den Nutzen von sogenannten Typenverfahren im Vergleich zu wissenschaftlich etablierten Tests gilt es dabei stets abzuwägen. Die in Kapitel 4 beschriebene Kluft zwischen Wissenschaft und Praxis muss weiter minimiert werden, wozu diese Arbeit ebenfalls beitragen soll.

Einschränkungen der vorliegenden Arbeit liegen in der Auswahl der Persönlichkeitstests. So konnten nicht alle Testverfahren Berücksichtigung finden. Weiter wurden zur kriteriumsbasierten Entscheidungsfindung nicht sämtliche Nebengütekriterien aufgenommen, sondern sich auf die konzentriert, die für diese Arbeit wesentlich erschienen. Eine zielgruppenspezifische Auswahl von Persönlichkeitstests konnte methodisch nicht realisiert werden. Hier bietet sich ein Ansatzpunkt für weitere Forschung.

Im Fokus der Persönlichkeitstests steht das etablierte und hinreichend erforschte Fünf-Faktoren-Modell der Persönlichkeit (vgl. Kapitel 3.2.1.2). Weitere Forschung erscheint darüber hinaus ebenfalls lohnenswert. Einzelne Facetten unterhalb der Dimensionsebene der Big Five können mitunter höhere Prognosewerte für berufsrelevante Erfolgskriterien liefern. Gleichzeitig scheint der Blick auf die höhere Ebene, der sogenannten compound traits (vgl. Kapitel 5.1.4), zusätzlichen Aufschluss zu versprechen. Weitere Forschung sollte sich zudem der Entwicklung der

---

[119] Vgl. Schuler 2007, S. 3.
[120] Vgl. Hossiep; Mühlhaus 2015, S. 16.

Messung von Persönlichkeit widmen sowie deren Nutzbarkeit für die Eignungsdiagnostik. Interessant sind hierbei die indirekten Verfahren, die einen Zugang zu unbewussten, schwer zugänglichen Persönlichkeitsfacetten versprechen, um einen höheren Aufschluss über die Persönlichkeit zu erhalten. Die größte Herausforderung in der Eignungsdiagnostik stellen der technologische Fortschritt und die damit einhergehenden veränderten Strukturen dar. So wird der Schwerpunkt der Personalauswahl in der Vorhersage zukünftiger Arbeitsrollen und Anforderungen liegen.[121]

Bei der Einführung von Persönlichkeitstests im Unternehmen sind neben der Auswahl des für den Prozess am geeignetsten Instrumentes, zunächst die rechtlichen Rahmenbedingungen (vgl. Kapitel 5.2) zu beachten. Eine erfolgreiche Integration kann nur gelingen, wenn eine ausreichende Transparenz über das Verfahren innerhalb des Unternehmens gewährleistet wird. Je besser die Teilnehmer informiert sind, desto eher öffnen sie sich für das Verfahren. In Kombination mit Auswertungsgesprächen können die Testverfahren ebenfalls einen Mehrwert für das Personalmarketing erreichen.[122] Um eine Evaluation des ausgewählten Testverfahrens sicherzustellen und den betrieblichen Nutzen zu forcieren, bietet es sich an, die Veränderung der Selektionsquote, also der Anteil der ausgewählten Bewerber, zu bestimmen.[123] Kosten, die mit einer Personaleinstellung einhergehen, bedeuten für Unternehmen relevante Positionen, die sich als personenbezogene Investitionen belegen lassen. Daher kann der Einsatz von psychologischen Methoden einen enormen Kostenvorteil hervorbringen. Es ist davon auszugehen, dass durch den Nichteinsatz wissenschaftlich-psychologischer Personalauswahlverfahren, der Bundesrepublik sowie der gesamten Volkswirtschaft pro Jahr zweistellige Milliardenbeträge entstehen.[124] Die Forschungsfrage nach dem Mehrwert von Persönlichkeitstest im Assessment Center ist demnach so zu beantworten, dass es der Anwendung wissenschaftlich fundierter Testverfahren bedarf. Nur so kann ein Beitrag zur adäquaten Personalauswahl gewährleistet und Kosten durch falsche Personalentscheidungen vermieden werden. Die in dieser Arbeit dargestellte Entscheidungsmatrix erlaubt die Identifizierung geeigneter Persönlichkeitstests und leistet somit einen positiven Beitrag in der Personalauswahl.

---

[121] Vgl. Hülsheger; Maier 2008, S. 113.

[122] Vgl. Hossiep; Mühlhaus 2015, S. 125.

[123] Vgl. Schuler 2014, S. 359 f.

[124] Vgl. Hossiep; Mühlhaus 2015, S. 15.

7 Literaturverzeichnis

Achouri, Cyrus: Human Resources Management. Eine praxisbasierte Einführung. Wiesbaden 2015.

Allgemeines Gleichbehandlungsgesetz. § 15 (4) Entschädigung und Schadenersatz. https://www.gesetze-im-internet.de/agg/_15.html. O.J., Abruf am 23. Juni 2018.

Amelang, Manfred; Bartussek, Dieter; Stemmler, Gerhard; Hagemann, Dirk: Differentielle Psychologie und Persönlichkeitsforschung. 6. Aufl. Stuttgart 2006.

Erpenbeck, John; von Rosenstiel, Lutz (Hrsg.): Bambeck-Competence- Instrument. Bambeck, Jörn. In: Handbuch Kompetenzmessung. Erkennen, verstehen und bewerten von Kompetenzen in der betrieblichen, pädagogischen und psychologischen Praxis. Stuttgart 2007.

Becker, Tim: Die Aufbewahrungsfristen von Bewerberdaten. https://www.datenschutzbeauftragter-info.de/die-aufbewahrungsfristen-von-bewerberdaten/, 2013, Abruf am 23. Juni 2018.

Benit, Nils; Söllner, Renate: Scientist-practitioner Gap in Deutschland. Eine empirische Studie am Beispiel psychologischer Testverfahren. In: Zeitschrift für Arbeits- und Organisationspsychologie (2013), 57, S. 145 - 153.

Bimmler, Sabine; Dünnwald, René; Bonhage, Matthias: Persönlichkeitstests- effizient in der Personalarbeit eingesetzt. In: MES Menschen, Entwicklung, Systeme. Köln (2010), S. 8.

Nerdinger, Friedeman; Blickle, Gerhard; Schaper, Niclas (Hrsg.): Personalauswahl. Blickle, Gerhard. In: Arbeits- und Organisationspsychologie. 3. Aufl. Heidelberg 2014.

Borkenau, Peter; Ostendorf, Fritz: NEO-FFI. NEO-Fünf-Faktoren-Inventar nach Costa und McCrae. In: Testkatalog 2018/19 (2017), S. 105.

Borkenau / Ostendorf 2008 b
   Borkenau, Peter; Ostendorf, Fritz: NEO-FFI. NEO-Fünf-Faktoren-Inventar nach Costa und McCrae. https://www.testzentrale.de/shop/neo-fuenf-faktoren-inventar-nach-costa-und-mc-crae.html., 2008, Abruf am 13. Juni 2018.

Bundesdatenschutzgesetz. § 26 Datenverarbeitung für Zwecke des Beschäftigungsverhältnisses. https://www.gesetze-im-internet.de/bdsg_2018/__26.html, 2018, Abruf am 23. Juni 2018.

Döring, Nicola; Bortz, Jürgen: Forschungsmethoden und Evaluation in den Sozial- und Humanwissenschaften. Berlin 2016.

Eisenführ, Franz; Weber, Martin; Langer, Thomas: Rationales Entscheiden. 5. Aufl. Heidelberg 2010.

Erpenbeck, John; von Rosenstiel, Lutz (Hrsg.): Einführung. Erpenbeck, John; von Rosenstiel, Lutz. In: Handbuch Kompetenzmessung. Erkennen, verstehen und bewerten von Kompetenzen in der betrieblichen, pädagogischen und psychologischen Praxis. Stuttgart 2007.

Simon, Walter (Hrsg.): INSIGHTS MDI by Scheelen – Verhalten, Werte und Fertigkeiten. Euteneier, Regina; Scheelen, Frank. In: Persönlichkeitsmodelle und Persönlichkeitstest. 15 Persönlichkeitsmodelle für Personalauswahl, Persönlichkeitsentwicklung, Training und Coaching. Offenbach 2006.

Erpenbeck, John; von Rosenstiel, Lutz (Hrsg.): ASSESS by SCHEELEN, ASSESS Performance Analyse, ASSESS Kompetenzanalyse. Euteneier, Regina; Scheelen, Frank. In: Handbuch Kompetenzmessung. Erkennen, verstehen und bewerten von Kompetenzen in der betrieblichen, pädagogischen und psychologischen Praxis. Stuttgart 2007.

Funk, Lena; Nachtwei, Jens; Melchers, Klaus: Die Kluft zwischen Wissenschaft und Praxis in der Personalauswahl. In: PERSONALquarterly (2015), 3, S. 26 - 31.

Erpenbeck, John; von Rosenstiel, Lutz (Hrsg.): DISG Persönlichkeitsprofil von persolog – Verhalten in konkreten Situationen. Gay, Friedbert; Wittmann, Renate. In: Handbuch Kompetenzmessung. Erkennen, verstehen und bewerten von Kompetenzen in der betrieblichen, pädagogischen und psychologischen Praxis. Stuttgart 2007.

Häder, Michael: Empirische Sozialforschung. Eine Einführung. Wiesbaden 2015.

Schuler, Heinz; Moser, Klaus (Hrsg.) Personalmarketing und Personalauswahl. Höft, Stefan; Schuler, Heinz: In: Lehrbuch Organisationspsychologie. 5. Aufl. Bern 2014.

Hogan, Robert: 32. International Congress on Assessment Center Methods. Las Vegas 2004.

Hossiep, Rüdiger; Paschen, Michael: Bochumer Inventar zur berufsbezogenen Persönlichkeitsbeschreibung. https://www.testzentrale.de/shop/bochumer-inventar-zur-berufsbezogenen- persoenlichkeitsbeschreibung.html., 2013, Abruf am 13. Juni 2018.

Hossiep, Rüdiger; Paschen, Michael; Mühlhaus, Oliver: Persönlichkeitstests im Personalmanagement. Grundlagen, Instrumente und Anwendungen. Göttingen 2000.

Hossiep, Rüdiger; Schecke, Jonas; Weiß, Sabine. Zum Einsatz von persönlichkeitsorientierten Fragebogen. Eine Erhebung unter den 580 größten deutschen Unternehmen. In: Psychologische Rundschau (2015), 66, S. 127 - 129.

Hossiep, Rüdiger; Mühlhaus, Oliver: Personalauswahl und -entwicklung mit Persönlichkeitstests. In: Schuler, Heinz; Hossiep, Rüdiger; Kleinmann, Martin; Felfe, Jörg: Praxis der Personalpsychologie. Human Resources Management kompakt. Bd. 9: Göttingen 2015.

Hülsheger, Ute; Maier, Günter: Persönlichkeitseigenschaften, Intelligenz und Erfolg im Beruf. Eine Bestandsaufnahme internationaler und nationaler Forschung. In: Psychologische Rundschau (2008) 59, S. 108 - 122.

Hülsheger, Ute; Specht, Elke; Spinath, Frank: Validität des BIP und des NEO-PI-R. Wie geeignet sind ein berufsbezogener und ein nicht expliziert berufsbezogener Persönlichkeitstest zur Erklärung von Berufserfolg? In: Zeitschrift für Arbeits- und Organisationspsychologie (2006) 50, S. 135 - 147.

Jung, Hans: Persönlichkeitstypologie Menschenkenntnis als Instrument der Mitarbeiterführung. 4. Aufl. Berlin 2014.

Kanning, Uwe: Inventar sozialer Kompetenzen. https://www.testzentrale.de/shop/inventar-sozialer-kompetenzen.html., 2009, Abruf am 14. Juni 2018.

Kersting, Martin: Persönlichkeit ist keine Typfrage. Grundlagen zu Persönlichkeitsfragebogen. In: Personalmagazin (2013) 12, S. 26 - 29.

Kersting, Martin: Persönlichkeitsfragebogen: Qualität lässt sich prüfen. https://www.wirtschaftspsychologie-aktuell.de/strategie/strategie-20140604-persoenlichkeitsfragebogen-qualitaet-laesst-sich-pruefen.html, 2014, Abruf am 15. Juni 2018.

König, Cornelius; Marcus, Bernd: Testbeurteilungssystem – Testkuratorium der Föderation deutscher Psychologenvereinigungen Rezension: Persolog Persönlichkeits-Profil. In: report psychologie (2013) 7/8, S. 305 - 306.

Krampen, Günter: Fragebogen zu Kompetenz- und Kontrollüberzeugungen. https://www.testzentrale.de/shop/fragebogen-zu-kompetenz-und-kontrollueberzeugungen.html, 1991, Abruf am 14. Juni 2018.

Erpenbeck, John; von Rosenstiel, Lutz (Hrsg.): Das Multi-Motiv-Gitter (MMG). Langens, Thomas; Sokolowski, Kurt; Schmalt, Heinz-Dieter. In: Handbuch Kompetenzmessung. Erkennen, verstehen und bewerten von Kompetenzen in der betrieblichen, pädagogischen und psychologischen Praxis. Stuttgart 2007.

Erpenbeck, John; von Rosenstiel, Lutz (Hrsg.): Die Kompetenzhaltigkeit von Methoden moderner psychologischer Diagnostik-, Personalauswahl- und Arbeitsanalyseverfahren sowie aktueller Management-Diagnostik-Ansätze. Lang-von Wins, Thomas. In: Handbuch Kompetenzmessung. Erkennen, verstehen und bewerten von Kompetenzen in der betrieblichen, pädagogischen und psychologischen Praxis. Stuttgart 2007.

Marcus, Bernd: Inventar berufsbezogener Einstellungen und Selbsteinschätzung. https://www.testzentrale.de/shop/inventar-berufsbezogener-einstellungen-und-selbsteinschaetzungen.html, 2006, Abruf am 14. Juni 2018.

Westhoff, Karl; Hagemeister, Carmen; Kersting, Martin (Hrsg.): Konstruktionsgrundlagen von Verfahren der Eignungsbeurteilung. Moosbrugger, Helfried; Rauch, Wolfgang. In: Grundwissen für die berufsbezogene Eignungsbeurteilung nach DIN 33430. 3. Aufl. Lengerich 2010.

John, Mechthild; Maier, Günter (Hrsg.): Persönlichkeits- und Interessentests. Muck, Peter; Stumpp, Thorsten. In: Eignungsdiagnostik in der Personalarbeit. Grundlagen, Methoden und Erfahrungen. Düsseldorf 2007.

Obermann, Christof: Assessment Center. Entwicklung, Durchführung und Trends. Mit neuen originalen AC-Übungen. 6. Aufl. Wiesbaden 2018.

Reimann 2010; Westhoff, Karl; Hagemeister, Carmen; Kersting, Martin (Hrsg.): Arbeits- und Anforderungsanalyse. Reimann, Gerd. In: Grundwissen für die berufsbezogene Eignungsbeurteilung nach DIN 33430. 3. Aufl. Lengerich 2010.

Salewski, Christel; Renner, Britta: Differentielle und Persönlichkeits-psychologie. München 2009.

Schmalt, Heinz-Dieter; Sokolowski, Kurt; Langen, Thomas. Das Multi-Motiv-Gitter für Anschluss und Leistung und Macht. https://www.testzentrale.de/shop/das-multi-motiv-gitter-fuer-anschluss-leistung-und-macht.html, 2000, Abruf am 13. Juni 2018.

Schnell, Rainer; Hill, Paul; Esser, Elke: Methoden der empirischen Sozialforschung. 10. Aufl. München 2013.

Schuler, Heinz; Prochaska, Michael: Leistungsmotivationsinventar. Dimensionen berufsbezogener Leistungsorientierung. In: Testkatalog 2018/19 (2017), S. 14.

Schuler, Heinz; Prochaska, Michael: Leistungsmotivationsinventar. https://www.testzentrale.de/shop/leistungsmotivationsinventar.html, 2001, Abruf am 13. Juni 2018.

Schuler, Heinz (Hrsg.): Assessment Center als multiples Verfahren zur Potenzialanalyse. Einleitung und Überblick. Schuler, Heinz: In: Assessment Center zur Potenzialanalyse. Göttingen 2007.

Schuler, Heinz; Hell, Benedikt; Trapmann, Sabrina; Schaar, Hagen; Boramir, Ilkay: Die Nutzung psychologischer Verfahren der externen Personalauswahl in deutschen Unternehmen. Ein Vergleich über 20 Jahre. In: Zeitschrift für Personalpsychologie (2007) 6/2, S. 60 - 70.

Schuler, Heinz: Psychologische Personalauswahl. Eignungsdiagnostik für Personalentscheidungen und Berufsberatungen. 4. Aufl. Göttingen 2014.

Simon, Walter (Hrsg.): Myers-Briggs Typenindikator (MBTI) – Profilierung durch Persönlichkeit. Lorenz, Thomas; Oppitz, Stefan: In: Persönlichkeitsmodelle und Persönlichkeitstest. 15 Persönlichkeitsmodelle für Personalauswahl, Personalentwicklung, Training und Coaching. Offenbach 2006.

TBS-TK. Testbeurteilungssystem des Testkuratoriums der Föderation Deutscher Psychologenvereinigungen. Revidierte Fassung vom 09. September 2009. Psychologische Rundschau (61), S. 52-56.

Von Rosenstiel, Lutz; Nerdinger, Friedemann: Grundlagen der Organisationspsychologie. Basiswissen und Anwendungshinweise. 7. Aufl. Stuttgart 2011.

8 Anhang

8.1 Ökonomische Aspekte

	Bearbeitungszeit	Online	Paper/ Pencil	Gruppentest möglich	Kosten	Qualifikationen	Auswertung
16 Persönlichkeits-Faktoren-Test (16 PF)[125]	Ca. 45 Minuten	Ja	Ja	Ja	(Paper/Pencil) wiederverwendbares Fragenheft + 1 Antwortbogen 30,00 EUR (Online) 25,00 EUR p.P.	Seit 2010 Zertifizierung erforderlich	Manuell oder elektronische Testauswertung
NEO-Fünf-Faktoren Inventar (NEO-FFI)[126,127]	Ca. 10 Minuten	Ja, Zugang über Hogrefe Testsystem	Ja	k. A.	(Paper/Pencil) komplett inkl. Manual, 25 Fragebögen, Schablone und Box 198,00 EUR (Online) Testkit inkl. 50 Nutzungen und Manual, 680,00 EUR	Optional	(Paper/Pencil) Schablone (Online) Über Hogrefe Testsystem Version 5

---

[125] Vgl. Hossiep; Mühlhaus 2015, S. 65.

[126] Vgl. Hossiep; Mühlhaus 2015, S. 77.

[127] Vgl. Borkenau; Ostendorf 2008 b, o. S.

| **Bochumer Inventar zur berufsbezogenen Persönlichkeitsbeschreibung**[128,129] | Ca. 30 – 40 Minuten | Ja, Zugang über Hogrefe Testsystem | Ja | Ja | (Paper/Pencil) komplett inkl. Manual, 15 Fragebogen, 15 Summenblättern, 15 Profilblättern, 5 Fremdbeschreibungen, 5 Auswertungsbogen Fremdbeschreibung, 5 Broschüren „Hinweise für Teilnehmer", 5 Broschüren „Selbstbild, Fremdbild und Persönlichkeit", Schablonensatz und Koffer, 794,00 EUR

(Online) Testkit inkl. 25 Nutzungen Selbstbild (inkl. Report), 5 Nutzungen Fremdbild und Manual, 2.180,00 EUR | Nicht zur Auswertung, allerdings zur Interpretation der Ergebnisse psychologisches Wissen sinnvoll | (Paper/Pencil) Schablone

(Online) Über Hogrefe Testsystem Version 5 |

---

128 Vgl. Hossiep; Mühlhaus 2015, S. 93.

129 Vgl. Marcus 2006, o. S.

Integrity Test (deutschsprachiger I-BES)[130, 131]	Ca. 25 Minuten	Ja, Zugang über Hogrefe Testsystem	Ja	Ja	(Paper/Pencil) komplett inkl. Manual, 5 Fragebögen, 5 Summenblätter, 5 Profilblätter, Schablonensatz und Mappe, 120,00 EUR (Online) Testkit inkl. 50 Nutzungen und Manual, 440,00 EUR	k. A.	(Paper/Pencil) Schablone (Online) Über Hogrefe Testsystem Version 5
Inventar sozialer Kompetenzen (ISK)[132,133]	Ohne Zeitbegrenzung; lt. Manual 20 Minuten	Ja, Zugang über Hogrefe Testsystem	Ja	Ja	(Paper/Pencil) komplett, inkl. Manual, 20 Fragebögen ISK, 20 Fragebögen ISK-K, 20 Auswertungsbögen ISK, 20 Auswertungsbögen ISK-K, 20 Profilblätter ISK, 20 Profilblätter ISK-K, Buch „Diagnostik sozialer Kompetenzen" und Box, 272,00 EUR (Online) Testkit inkl. 50 Nutzungen und Manual, 520,00 EUR	k. A.	(Paper/Pencil) Auswertebogen (Online) Über Hogrefe Testsystem Version 5

---

[130] Vgl. Marcus 2006, o. S.

[131] Vgl. Muck; Stumpp 2007, S. 187.

[132] Vgl. Schuler 2014, S. 195.

[133] Vgl. Kanning 2009, o. S.

Fragebogen zu Kompetenz- und Kontrollüberzeugungen (FKK)[134,135]	Ca. 10 – 20 Minuten	Ja, Zugang über Hogrefe Testsystem	Ja	Ja	(Paper/Pencil) Handanweisung, 5 Fragebögen, Schablone und Mappe, 127,00 EUR (Online) Testkit inkl. 50 Nutzungen und Manual 530,00 EUR	k. A.	(Paper/Pencil) Schablone (Online) Über Hogrefe Testsystem Version 5
Leistungsmotivationsinventar (LMI)[136,137]	Ca. 30 – 40 Minuten, Ca. 10 Minuten in der Kurzform	Ja, Zugang über Hogrefe Testsystem	Ja	Ja	(Paper/Pencil) komplett, inkl. Manual, 20 Fragebogen LMI, 20 Auswertungsbogen LMI, 20 Fragebogen LMI-K (Kurzform), 20 Auswertungsbogen LMI-K (Kurzform), 20 Profilblätter, Schablonensatz und Koffer, 416,00 EUR (Online) LMI Testkit inkl. 50 Nutzungen (inkl. Textreport) und Manual, 900,00 EUR	Verlang einen qualifizierten Anwender	(Paper/Pencil) Schablone (Online) Über Hogrefe Testsystem Version 5

---

[134] Vgl. Krampen 1991, o. S.

[135] Vgl. Schuler 2014, S. 192

[136] Vgl. Schuler; Prochaska 2001 b, o. S.

[137] Vgl. Hossiep; Mühlhaus 2015, S. 87.

Das Multi-Motiv-Gitter (MMG)[138,139]	Ca. 15 Minuten	Nein	Ja	Ja	(Paper/Pencil) Test komplett Manual, Testheft und Schablone, 55,54 EUR	Fundiertes motivations-psychologisches Wissen zur Interpretation der Motivprofile und deren Implikation	(Paper/Pencil) Schablone
Bambeck-Competence-Instrument (BCI)[140]	Ca. 35 Minuten	Nein, jedoch PC-Version erhältlich	Ja	Ja	k. A.	k. A.	(Paper/Pencil) K. A. (PC-gestützt) Über die BCI-Applikation

---

138 Vgl. Langens et al. 2007, S. 58.

139 Vgl. Schmalt et al. 2000, o. S.

140 Vgl. Bambeck 2007, S.3, S. 21.

persolog Persönlichkeits-Profil[141]	Ca. 10 – 15 Minuten	Ja	Ja	k. A.	(Paper/Pencil) Fragebogen für lizenzierte Trainer ohne weiteres Material, 26,00 EUR p.P. (Online) Auswertung je nach Umfang, 25 – 100 EUR p.P.	Durchführung ausschließlich durch lizenzierte Trainer	Selbstauswertung durch Teilnehmenden oder online
Myers-Briggs Typenindikator (MBTI)[142,143]	Ca. 10 – 20 Minuten	Nein	Ja	ja	k. A.	Durchführung durch qualifizierte Trainer	(Paper/Pencil) Schablone
INSIGHTS MDI (Management Development Instrument)® by Scheelen[144]	Ca. 12 Minuten	Ja	Ja	Ja	k. A.	Dreitägiger Authorisierungslehrgang	Erfolgt in der Paper/Pencil Version durch den Testanden selbst. Online wird eine Auswertung generiert, welche je nach Version 8 – 54 Seiten umfasst.

---

[141] Vgl. Hossiep; Mühlhaus 2015, S. 106 f.

[142] Vgl. Hossiep et al. 2000, S. 132.

[143] Vgl. Achouri 2015, S. 81.

[144] Vgl. Gay; Wittmann 2007, S. 640 f.

| **ASSESS Kompetenz Analyse®**[145] | Ca. 35 – 45 Minuten | Ja | Nein | Ja | k. A. | Selbstdurchführung nur eingeschränkt möglich, da durch externe Gesellschaft vertrieben wird. Hierzu dreitägige Akkreditierungschulung nötig. | Erfolgt PC-gestützt und steht nach Eingabe sofort zur Verfügung |

[145] Vgl. Euteneier; Scheelen 2007 b, S. 625. S. 633.

8.2 Gütekriterien

Test/Güte	Objektivität	Reliabilität	Validität	Normierung / Eichstichprobe
16 PF	Voll erfüllt	α = .66 - .89	Analysen mit NEO-FFI belegen Konstruktvalidität von r = .49 - .92[146]	Umfangreiche und relevante Vergleichsgruppe vorhanden.[147]
NEO-FFI	Weitgehend erfüllt[148]	α = .82 - .94	Prognostisch r = .30 - .43 für Berufserfolgskriterien.[149]	N_{gesamt}= 11.724 für bevölkerungsrepräsentative Quotenstichprobe sowie 12 Geschlechts- und Altersgruppen.[150]
BIP	Voll erfüllt[151]	α = .69 - .89	Prognostisch .r = 21 - .42 für Berufserfolgskriterien.[152]	N_{gesamt}= 9.303 für Hochschulabsolventen, verschiedene Hierarchiestufen und unterschiedliche Funktionsbereiche sowie weibliche Fach- und Führungskräfte.[153]

---

[146] Vgl. Hossiep; Mühlhaus 2015, S. 67.

[147] Vgl. Hossiep; Mühlhaus 2015, S. 68.

[148] Vgl. Kersting 2014, S. 5.

[149] Vgl. Hülsheger et al. 2006, S. 140.

[150] Vgl. Borkenau; Ostendorf 2008, S. 105.

[151] Vgl. Kersting 2014, S. 5.

[152] Vgl. Hülsheger et al. 2006, S. 140.

[153] Vgl. Hossiep; Paschen 2013, o. S.

Test/Güte	Objektivi-tät	Reliabili-tät	Validität	Normierung / Eichstichprobe
BCI	Voll erfüllt	$\alpha = .87 - .96$	Multipler Validitätskoeffizient von r = .73 mit NEO-FFI.[154]	Individuelle Auto- Normierung hinsichtlich spezifizierter Vergleichspopulationen (Alter, Geschlecht, Führungsebene, Tätigkeitsbereich).[155]
Integrity Test/ IBES	Weitgehend erfüllt	$\alpha = .50 - .65$	Prognostisch r = .47 für kontraproduktives Verhalten und r = .34 für berufliche Leistung.[156]	N_{gesamt}= 332 für externe Bewerber aus unterschiedlichen Brachen und Berufsgruppen.[157]
ISK	Weitgehend erfüllt	$\alpha = .69 - .90$	Prognostisch r = .48 für Arbeitsleistung.[158]	Normwerte als Standardwerte, Stanine-Werte und Prozentrangwerte gesondert für Frauen und Männer sowie für Studierenden, Berufstätige, Schüler und einer Gesamtstichprobe.[159]
FKK	Voll erfüllt	$\alpha = .63 - .90$	Studien belegen Zusammenhang mit allgemeinen Persönlichkeitstests. Validitätsdaten mit Berufserfolg liegen nicht vor.[160]	k. A.

---

[154] Vgl. Bambeck 2007, S. 3.

[155] Vgl. Erpenbeck; von Rosenstiel 2007, S. 13.

[156] Vgl. Hülsheger; Maier 2008, S. 111.

[157] Vgl. Vgl. Marcus 2006, o. S.

[158] Vgl. Schuler 2014, S. 196.

[159] Vgl. Schuler 2014, S. 196.

[160] Vgl. Schuler 2014, S. 192.

Test/Güte	Objektivität	Reliabilität	Validität	Normierung / Eichstichprobe
LMI	Voll erfüllt	α = .68 - .86	Kriteriumsvalidität r = .40 für Berufsinteressen.[161]	N_{gesamt}= 1.671 geschlechtsspezifische Normwerte für kaufmännische Berufsschüler, Wirtschafts-gymnasiasten, Studierende, Berufstätige im Dienstleistungssektor und Hochleistungssportler.[162]
MMG	Weitgehend erfüllt	α = .61 - .72	Inhaltsvalidität in Studien belegt.[163]	N_{gesamt}= 1.919 für Männer und Frauen mit Durchschnittsalter von 30 Jahren.[164]
Persolog	Teilweise erfüllt[165]	α = .87 - .94[166]	Nicht erfüllt.[167]	20 normierte Profil-Kombinationen zu der verschiedene Interpretationen gegeben werden.[168]
MBTI	Teilweise erfüllt	α = .60 - .71	k. A.	k. A.

---

[161] Vgl. Schuler; Prochaska 2001 b, o. S.

[162] Vgl. Schuler; Prochaska 2001 b, o. S.

[163] Vgl. Langens et al. 2007, S. 53.

[164] Vgl. Erpenbeck; von Rosenstiel 2007, S. 53.

[165] Vgl. Kersting 2014, S. 5.

[166] Vgl. Hossiep; Mühlhaus 2015, S. 108.

[167] Vgl. Kersting 2014, S. 5.

[168] Vgl. Hossiep; Mühlhaus 2015, S. 106.

Test/Güte	Objektivität	Reliabilität	Validität	Normierung / Eichstichprobe
Insights MDI	k. A.	k. A.	k. A.	k. A.
ASSESS	Voll erfüllt	k. A.	k. A.	N_{gesamt}= 2.000 für Schulbildung und Alter.[169]

---

[169] Vgl. Hossiep; Mühlhaus 2015, S. 106.